心一堂彭措佛緣叢書・索達吉堪布仁波切譯著文集

大圓滿前行廣釋（三）
附大圓滿前行實修法

華智(巴珠)仁波切　原著

索達吉堪布仁波切　漢譯及講解

Śūnyatā

書名：大圓滿前行廣釋（三）附大圓滿前行實修法
系列：心一堂彭措佛緣叢書‧索達吉堪布仁波切譯著文集
原著：華智（巴珠）仁波切
漢譯：索達吉堪布仁波切
責任編輯：陳劍聰

出版：心一堂有限公司
地址/門市：香港九龍尖沙咀東麼地道六十三號好時中心LG六十一室
電話號碼：+852-6715-0840　+852-3466-1112
網址：www.sunyata.cc　publish.sunyata.cc
電郵：sunyatabook@gmail.com
心一堂 彭措佛緣叢書論壇：　http://bbs.sunyata.cc
心一堂 彭措佛緣閣：　　　　http://buddhism.sunyata.cc
網上書店：　　　　　　　　http://book.sunyata.cc

香港及海外發行：香港聯合書刊物流有限公司
地址：香港新界大埔汀麗路三十六號中華商務印刷大廈三樓
電話號碼：+852-2150-2100
傳真號碼：+852-2407-3062
電郵：info@suplogistics.com.hk

台灣發行：秀威資訊科技股份有限公司
地址：台灣台北市內湖區瑞光路七十六巷六十五號一樓
電話號碼：+886-2-2796-3638
傳真號碼：+886-2-2796-1377
網絡書店：www.bodbooks.com.tw
台灣讀者服務中心：國家書店
地址：台灣台北市中山區松江路二〇九號一樓
電話號碼：+886-2-2518-0207
傳真號碼：+886-2-2518-0778
網絡網址：http://www.govbooks.com.tw/

中國大陸發行‧零售：心一堂‧彭措佛緣閣
深圳地址：中國深圳羅湖立新路六號東門博雅負一層零零八號
電話號碼：+86-755-8222-4934
北京流通處：中國北京東城區雍和宮大街四十號
心一店淘寶網：http://sunyatacc.taobao.com/

版次：二零一五年二月初版，平裝

定價：　港幣　　　一百零八元正
　　　　新台幣　　四百二十元正

國際書號 ISBN 978-988-8316-36-6

目錄

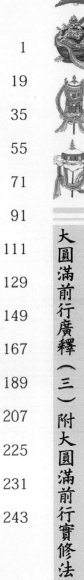

大圓滿前行廣釋（三）附大圓滿前行實修法

目錄

第三十四節課

《前行引導文》正在講「壽命無常」。

壽命無常是個很甚深的竅訣，平時我們要在生活中經常串習。當然，這種境界並不容易生起，一定要經過漫長的修習，所以各位不要放鬆，也不要覺得它是加行法門而輕視，如果這樣，說明你對修心法門沒有深入。真正的高僧大德，始終覺得對無常修得不夠，因而大家平時在修學過程中，一定要嚴格要求自己，否則，這些修行境界不會隨隨便便就出現。

在實修壽命無常時，只要反反覆覆觀察，定會生起來一種緊迫感，知道萬法都是無常的，現在不修就來不及了，有了這種信念，修行則很容易成功。世間上的大多數人，雖然明白自己終有一天會死，但總覺得死亡不會那麼快到來，於是把修行一拖再拖，無限期地延遲下去，最後修行一無所成。這種現象如今比比皆是，所以你們獲得如此殊勝竅訣後，應當很認真地去修持。

現在許多道友比較積極，尤其在共同加行上下了一定的功夫，我見後心裡很安慰。儘管這次講的速度比較慢，任何法師可能也不會這樣，但若給大家講得比較細緻，讓每個人花些時間把加行基礎打牢，那修什麼法都比較方便。所以，我經過再三觀察，特意給大家講得比較廣，你們也不要對此有所抱怨。雖然以最快的速度完

大圓滿前行廣釋（三）附大圓滿前行實修法

成《大圓滿前行》也可以，我專門拿兩三天來念傳承，一下子就傳完了，但如果沒有一步一步地修，除了有個得傳承的功德外，自相續得不到真實利益。

這次傳講《前行》，有些人肯定收穫很大，也有些人剛開始比較精進，慢慢就虎頭蛇尾了，這與各人的緣分、信心、精進有著密切關係，故希望大家要有持之以恆的精進心和恭敬心。

下面緊接著講：

當今，有些一家之主認為：「我千萬得長久住世，如果有個三長兩短，那我的家人會挨餓受凍而死，或者被怨敵所毀，或者為大水溺死，因為現在他們所擁有的財產和幸福等一切的一切，全部是依靠我才得到的，所以他們絕不能沒有我。」有些寺院的住持也覺得：「我可不能離開人世，不然天就垮下來了，到時弟子們該怎麼辦哪？」可是，這些人死了以後，他們的親人眷屬將其屍體火化或投到水中，或者丟到尸陀林，隨便哭幾聲，便心安理得了。

世間上有很多這樣的現象：有些人沒有死之前，覺得在家裡舉足輕重、不可缺少，然而他死了以後，別人照樣過生活。因此，你們活著的時候，不要為了某些人，而把修行全部放下、全部捨棄。有些人經常說：「我不能出家，否則，我家人該怎麼辦呢？」「我沒時

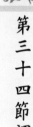

間學佛法，因為家裡的重大事情都是我一個人承辦。」許多人都有這種顧慮。其實你終有一天會離開，不可能永遠跟著他們，沒有你，他們也不會活不下去，所以你在沒死之前，應該選擇最好的道路，不要為這些人放棄來世的解脫。

人在死亡之時，誠如前面所說，就像從酥油中抽出一根毛一樣，只有自己孑然一身，孤獨無助地漂泊在中陰界，當時所能依靠的，唯有正法。不知你們想過沒有，死亡其實並不遙遠，就在我們每個人面前等著，而它一旦降臨，器情世界的一切事物，我們都要統統拋棄，唯有隨業力漂泊在輪迴中，這是非常可怕的事，也是非常重大的事。

現在很多人對「死」字提都不敢提，其實這種諱疾忌醫的心態並不可取，我們每個人都要面對死亡，此時除了佛法，沒有任何依靠處。因為生生世世跟著我們的，只有善業和惡業，誠如《德施請問經》所言：「父母兄弟妻，僕財眷屬眾，死後無跟隨，諸業隨其後。」我們死的時候，父母不能跟隨，兄弟妻兒不能隨後，僕人、財產、眷屬等更不能帶走，就算是珍愛了一輩子的身體，也要萬般不捨地留在人間。那麼，唯一跟隨自己的是什麼？就是生前所造的業，哪怕念一句觀音心咒、做一件善事，也會像身影一樣始終跟著自己。

如今很多人特別可憐，他們連後世都不承認，更不

大圓滿前行廣釋（三）附大圓滿前行實修法

要說為此去造善業了。即使造了一點，也只是為了今生利益，對來世想都沒有想過。不僅在家人如此，包括極個別法師，對後世也不太重視，他們只提倡今生善有善報、惡有惡報的簡單因果概念，除此之外，言行舉止中根本沒有考慮過後世。其實，人一天的時間很短，一生的時間卻很漫長，同理可知，我們一世怎麼過都無所謂，但遙遙無期的生死輪迴，確實應該值得三思。

因此，從現在起，我們必須一心一意、盡心盡力地勤修正法，不要只搞表面形式，或者虛報一些數字欺騙負責人。現在有些人，學佛就是為了領資料、得名聲，實際上從來也不修持，這一點，很多人觀察自己就會一清二楚。你們不妨好好想想：「從皈依到現在，我每天時間是怎麼安排的？修無常修了多長時間？前輩大德們和真正的修行人是怎麼修的？我也不是沒有時間，但對死亡想過多少次？對無常法門是如何觀修的？……」這方面要反反覆覆觀察自己。

以上講了「無常四際」的第一個——生際必死。下面接著講第二個：

積際必盡：一切積聚同樣終將散盡，這是一個自然規律。即使是統治南贍部洲的國王，也有淪落為乞丐的時候。如南朝皇帝梁武帝，他在位時，經濟發展、政局穩定，舉國上下一片繁榮，但到了晚年，侯景發動叛

亂，他成了侯景的俘虜，囚於台城，最後被活活餓死。

許多人上半生受用圓滿，下半生卻因彈盡糧絕而餓死；有些人去年擁有數百頭犛牛，但遭到大雪或其他災難，今年就淪為一貧如洗的乞丐（這種說法比較適合藏地，漢地城市裡的很多人，說「幾百頭犛牛」不一定有什麼概念。對他們的話，應該說：許多令人羨慕的大老闆、大企業家，遇到金融風暴或者一些災禍時，一瞬間便家財耗盡、不名一文，很多人因此而跳樓自殺）；昨日是地位顯赫、腰纏萬貫的富翁，也有被仇敵毀得一無所剩，今天成為乞丐的……

在歷史上，西晉有個人叫石崇，他可謂富甲天下、侈極四海①，是中國古代十大富豪②之一。後來八王叛亂，趙王司馬倫看中了他的家財，要殺他之時，石崇後悔地說：「是財多而招致了殺身之禍！」司馬倫直言相告：「知道是財富害了你，為何不早一點把財富散了？」石崇言：「晚了！」

還有清朝「紅頂商人」胡雪巖，田地萬畝、姬妾成群，在當時風光無限。雖然他富可敵國，與官場人物交

①石崇曾與貴戚晉武帝的舅父王愷以奢靡相比。王愷飯後用糖水洗鍋，石崇便用蠟燭當柴燒；王愷做了四十里的紫絲布步障，石崇便做五十里的錦步障；王愷用赤石脂塗牆壁，石崇便用花椒。晉武帝暗中幫助王愷，賜了他一株珊瑚樹，高二尺許，枝柯扶疏，世所罕比。王愷用這株珊瑚樹向石崇炫耀，不料石崇揮起鐵如意將珊瑚樹打得粉碎，王愷心疼不已，以為石崇嫉妒自己的寶物，石崇一笑置之：「別心疼了，我還給你。」說著便命左右取來六七株珊瑚樹，這些珊瑚樹高度皆有三四尺，條幹絕俗，光耀如日，比王愷那株強多了。王愷撫然自失。
②中國古代十大富豪：最為著名的富豪陶朱公范蠡、最早的富婆巴寡婦清、營國巨商呂不韋、富可敵國的男寵鄧通、靠搶劫富商致富的石崇、靠強取豪奪發家的梁冀、靠以權謀私起家的大奸臣蔡京、江南第一富豪沈萬三、紅頂商人胡雪巖、大買辦商人盛宣懷。

大圓滿前行廣釋（三）附大圓滿前行實修法

往甚密，最終卻成為左宗棠與李鴻章政治鬥爭的「犧牲品」，在短短的時間內，事業崩毀、傾家蕩產，下場相當悲慘淒涼。

所以，從世間人的興衰、成敗、得失來看，一切萬法均是無常的。這個道理，不像修生起次第、圓滿次第那樣需要一直苦思冥想，其實從我們身邊發生的很多事情上，包括有時候看新聞、看報紙，也能完全了然於胸。我在城市裡住院時，經常拿報紙來看，有些醫生很好奇：「你們出家人怎麼天天關心國家大事？」實際上，我看報紙，關心的並不是某些明星歌星，世間人極力讚歎的，我確實不太喜歡。但每天在世界各地所發生的災難，使無數人流離失所；有些貪污分子被查出，最終鋃鐺入獄……從中可令我對無常有深刻的認識。儘管表面上它只是張報紙，描述的多是世人吃喝玩樂的情節，似乎沒有什麼意義，但看了以後，確實對生起悲心、出離心有幫助。不然，我也不可能無所事事，整天拿著報紙看。所以，對世間的種種無常現象，了解一下還是有必要，這也是一種修行。

總之，我們親眼目睹的許多事例足以說明：財產受用不可能恆常擁有，它猶如夏天的露珠、秋天的白雲一樣，很快就會消失，故一定要慷慨布施。然而，不懂無常、沒學過佛法的人，為了財產受用，首先不擇手段去追求，得到之後，又絞盡腦汁地保護，可是不管怎麼努

第三十四節課

6

力，這些終究會離開自己。因此，如果你擁有了財富，應當以不貪執的心態去享用，一旦失去了，也沒必要特別傷心。這即是學習無常法門的作用。

對於以上道理，大家理應再三深思熟慮。文字上我給你們這樣講了，但下面具體有多少人去思維，也不是特別清楚。但不管怎樣，希望大家對每一個道理要重視，平時行住坐臥中，有空就打開這個法本，仔仔細細去琢磨。我以前學《前行》時非常認真，不是一天兩天，也不是一年兩年，而是修了很長時間，所以如今對人身難得、壽命無常等，還是有一些定解。這些道理的定解，短期內肯定生不起來，只有長期不斷地串習，才會一年比一年穩固，到了一定時候，對名聲、地位、財富等世人貪求的對境，才能真正看淡。

合久必分：一切聚合的法，最終定會分離。譬如，某地的大市場或大法會上，雖集聚了來自四面八方、成千上萬的人，最後也都會各奔東西。

對此規律，世間人也是認可的。羅貫中在《三國演義》開場白中就說：「話說天下大勢，分久必合，合久必分。」實際上打開歷史畫卷，便會完全明白：這樣的現象一直在不斷上演。即便是一個上師開法會，暫時集聚了來自五湖四海的信眾，可過一段時間，他們仍舊會分散。學院今年的「金剛薩埵法會」馬上也要開了，相

信屆時各地的很多四眾弟子會來到這裡，但法會八天以後，又會分散到各個地方去。在座的道友也是同樣，今天聚在經堂裡共同學習，然而再過幾年，很多人會無影無蹤，甚至離開了人世。包括菩提學會的佛友們，利用網上網下等各種方式在一起學習，但過幾年之後，也會像以前讀書畢業後一樣四散分離，留下的只有美好的回憶，而絕不可能永遠在一起。

儘管現在我們中的師徒、主僕、施主福田、道友、兄弟、夫妻等，彼此慈愛、和睦相處，但最終無論如何也無法不分離。尤其是有些弟子與上師，關係融洽、不願分開，但正如有些高僧大德所說，這樣的時間不會恆常，就算上師很想在一個地方、對某些眷屬長期地傳法，也是不可能的。我看過一些歷史，像迦葉尊者和阿難尊者，釋迦牟尼佛將佛法交付予他們，但他們真正弘法利生的時間，要麼是四十年左右，要麼只有三十年。因此，在人壽百歲的當今時代，作為上師，弘法的時間肯定有限，而作為弟子，想在具有法相的上師面前一直聽法，也是不現實的。就拿我們來說，曾經也發過願，希望在上師如意寶座下永遠聽法，一直不離開，但是後來，這種希望卻變成了失望——上師突然示現無常，離開我們而前往清淨剎土，我們就像是一群被遺棄在人間的孤兒，不得不忍受著撕心裂肺的痛苦……

因此，無論是什麼樣的聚合，師徒也好、夫妻也

罷，最後都會面臨分離，誠如古人所言：「父母恩深終有別，夫妻義重也分離，人生似鳥同林宿，大限來時各自飛。」這就是無常的體現。

前兩天，我去了小時候住的地方——一個牧民的冬場。沒讀小學之前，我們家冬天都住在那裡，後來我讀了小學、中學、師範以及出家，這麼多年來一直沒有去過。那天我跟弟弟幾個人去了一下，到那裡以後，三十多年前的景象浮現在眼前，漸漸變得愈發清晰。這個地方，大的變化倒沒有，但是附近的一些鄰居，跟以前完全不同了。我在那邊看到幾塊刻著觀音心咒的石頭，是自己沒讀小學之前刻的，字跡依然很清晰，就順便帶了幾塊回來。去一趟以前待過的地方，我確實體會到了萬法無常，再過三十年，我肯定不在人世了，這個沒什麼好懷疑的，但現在算是比較年輕的人，到時候還在不在了，也不好說。

所以，對於無常法，大家切莫停留在理論上，如果每天高談闊論，會講諸行無常等四法印，但心裡從來沒想過，修行恐怕不會成功的。在藏地，很多老年人對無常觀得不錯，他們始終想到生命短暫，覺得「我今年肯定會死」、「明年肯定會死」，以此來鞭策自己盡快圓滿咒語、完成善法。而現在的年輕人，幾乎沒有這個概念了，成天盤算著幾十年後要幹什麼什麼，這完全是不智之舉。

大圓滿前行廣釋（三）附大圓滿前行實修法

實際上，縱然你現在身體康泰、無病無災，但若突然遭到死亡，或偶然性的惡緣，當下即會捨棄一切而趕赴後世，與心愛的人分道揚鑣，這些都是沒有固定性的。所以，每個人的幸福定有盡頭，即使很多道友想永遠待在殊勝的道場裡修學，也不一定現實。著名的詩人、思想家歌德曾說：「任何人無論是誰，其幸福總有盡頭，末日也必將來臨。」他雖然不學佛，也沒以大乘竅訣觀過無常，可是他也深深明白，任何幸福都不可能長存。

如今朝夕相處的道友、家人等，在不久的將來，必定會各奔前程，聚在一起只是暫時的因緣，所以彼此之間不要怒氣沖沖、惡語中傷、爭吵不休，甚至發生大打出手等現象。應當想到大家不一定能長期相處，很快就會分離，因此在極為短暫的歲月中，理當互敬互愛、和平共處。誠如帕單巴尊者所言：「夫妻無常猶如集市客，切莫惡語爭吵當熱瓦③。」

夫妻間最好不要吵架，假如整天吵吵鬧鬧，沒完沒了，不但自己痛苦，還會攪得四鄰不安。有位法師講過：曾有對夫妻開了一家糕餅店，兩人稍不順意就發脾氣，為一點小事就吵得不可開交，左鄰右舍沒法過一天安寧日子。有一天，兩人又吵了起來，丈夫說：「你如

---

③當熱瓦：音譯，指當熱地區的人。切莫惡語爭吵當熱瓦，是對當熱地區人們的教言，如同我們現在說「切莫惡語爭吵東北人」、「切莫惡語爭吵桂林人」一樣。

果再不聽話，什麼事都反對，我就拿刀殺了你！」妻子也不甘示弱：「殺啊殺啊！反正我也不想活了。」鄉長上前勸解，他們不但不聽，反而罵得更大聲，動作更激烈。鄉長看他們這樣，故意大聲叫道：「大家來啊！這裡有很多糕餅，免費拿去吃吧！」夫妻倆聽了，急忙問他為何如此。鄉長說：「反正你們一個想殺人、一個想要死，被殺的人死了，殺人的也要坐牢，留這些糕餅有何用！」他們冷靜下來，覺得這話有道理，就不再吵架了。

其實，世間人吵架經常是為了沒意義的事，只不過一個小小的矛盾，比如丈夫說炒兩個菜，妻子說不用炒兩個，一個就可以，為此就開始爭執不息，吵得面紅耳赤。若能知道夫妻的因緣是無常的，很短暫，互相遷就包容一下，家庭就和睦了。家庭和睦的話，整個社會也比較安寧，因為一個不吵不鬧、內心平和的人，各方面很容易隨順別人，不會與人發生衝突，但如果他特別不開心，那他所波及的人群也不會快樂。

懂得無常的人，必定會珍惜短暫的因緣。所以，你們在發心過程中也好，在班裡、組裡學習也好，千萬不要說很多是非。我在佛學院這麼多年，從來沒有因為個人的事情，與任何道友吵過架、紅過臉，除非是為了公家的事，尤其在管理方面，跟有些道友說一下而已。要知道，大家聚在一起的因緣很難得，如果沒有清淨觀，就像蘇東坡對佛印禪師一樣，那看誰都是不淨糞，很壞

的，但若清淨觀修得很好，眼中會全部是佛菩薩。其實，喜歡吵架、說是非的人，與自己的修行有一定關係。因此，大家不要吵架，應該珍惜這種緣分，今生既然能夠相聚，肯定有前世的因緣，對此每個人務必要珍惜。

總之，修學佛法的時候，上師的教言要記在心中，時時去觀想、去思維，這樣的話，言行舉止才會逐漸改變。學佛法不像學氣功一樣，馬上就有一些感應，只有自己的起心動念與法相應，久而久之，才能看破世間一切，對上師三寶的信心日益增上。

堆際必倒（凡是堆積的東西勢必會倒塌，不可能永恆存在，這與物極必反的規律相同）：一切修砌成的建築，都將土崩瓦解。從前，繁榮昌盛的村落及寺廟，都有賢德之士管理和住持，可是如今卻只剩下一片廢墟，已經變成了鳥窩雀巢。

在印度，昔日的那爛陀寺、吉祥戒香寺可謂鼎盛一時，無數大智者和大班智達住錫於此研討佛法，對佛法弘揚起到了不可磨滅的作用，而現在只剩一堆遺址，此外什麼都沒有了。

在藏地，天子赤松德贊時期，由幻化工人④修建、鄔金第二佛蓮花生大士和堪布菩提薩埵開光的桑耶三層寶

第三十四節課

④幻化工人：赤松德贊由印度迎請來的工人。

12

頂宮殿⑤，算是藏地較早的建築，也因遭受火災，在一天之內毀於一旦，外部大框架全部毀了，只有幾塊牆壁殘留下來。（當然，歷史的說法比較多。）

法王如意寶傳大圓滿竅訣時，常會提到桑耶寺。因為上師的前世是蓮花生大士二十五大弟子之一———降魔金剛，每每憶及該寺往昔的輝煌壯觀、而今的面目皆非，往往傷感萬分、老淚縱橫。從藏地歷史上看，桑耶寺的建築非常莊嚴，但後來尤其在「文革」期間，遭受了極大破壞，現在雖又重新修復，但原來的建築風格基本上蕩然無存。此外，法王松贊干布時，宛如尊勝宮⑥般的紅山⑦宮殿，如今也已片瓦不留，連基石都無影無蹤了。

其實，再輝煌雄偉的建築，最終都將毀壞、倒塌，不可能永恆存在。以前我在讀書時，特別喜歡《霍元甲》裡的「萬里長城永不倒」，天天下了晚自習後，一群人對著教室的牆壁，或在教室裡吊個沙袋，一邊唱一邊用拳頭打。那個時候，真的以為萬里長城會永遠不倒，但學了無常以後，方知萬里長城也有毀壞的一天。我去北京時，專門看了一下長城的構造，全是磚石修築而成，比現在建築物的質量更差，很多地方都不行了，所以，沒有任何一個建築能「永不倒」。

大圓滿前行廣釋（三）附大圓滿前行實修法

⑤宮殿的上中下三層，分別是印式、漢式、藏式三種不同民族的風格。
⑥尊勝宮：帝釋天所居宮殿名，在善見城中央。
⑦紅山：布達拉宮所在的山。

還有世人特別推崇的美國世貿大廈，主體有110層樓，是世界首屈一指的高層建築物。後來兩架飛機一撞過去，爆炸後，瞬間化為一堆廢墟[8]。因此，任何一座鋼筋水泥的建築，即使水泥的標號再高，各方面看似不會毀壞，然無常一旦到來，再牢固的材料也靠不住。

另外，漢地歷史上的「萬園之園」——圓明園，始建於清朝康熙年間，後經雍正、乾隆、嘉慶、道光、咸豐等朝的增建和修繕，終成為一座大型皇家園林。圓明園的陸上建築面積，比故宮還多一萬平方米，水域面積相當於一個頤和園，總面積等於8.5個紫禁城。乾隆皇帝稱之：「寶天寶地靈之區，帝王豫遊之地，無以逾此。」其盛名傳至歐洲，被譽為「萬園之園」。

圓明園不僅以園林著稱，而且也是一座收藏相當豐富的皇家博物館。法國大作家雨果曾說：「即使把我國所有聖母院的全部寶物加在一起，也不能同這個規模宏大而富麗堂皇的東方博物館媲美。」可是在1860年，八國聯軍入侵北京，圓明園被英法聯軍洗劫一空，後被一把火焚為灰燼，唯餘幾處斷垣殘壁，僅供後人憑弔哀念。

不但這些世人了知的建築終有毀壞的一天，即便是史前文明中那些不為人知的建築，也難逃無常之網，甚

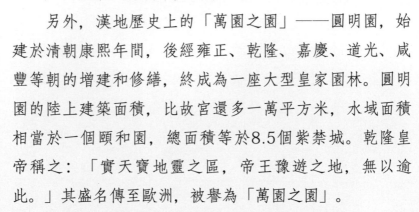

第三十四節課

---

[8]美國世貿大廈，主體是高110層的雙塔樓，當時1號塔僅用10秒倒塌，2號塔也僅用8秒倒塌。

至因年代過於久遠，人們將其曾經的輝煌一時，當成了玄之又玄的神話。拿大西洲（亞特蘭蒂斯）來說，有關於它的故事，最早出自古希臘哲學家柏拉圖⑨之筆。他在兩篇著名的對話著作《克里齊》和《齊麥里》中，詳細記述了大西洲的存在。他說如今的大西洋那裡，在一萬多年前，有一片美麗富饒、高度發達的陸地，即大西洲。那裡氣候溫和，森林茂密，宮殿和廟宇用金、銀、象牙等裝飾，城市宏偉壯觀，運河四通八達，港口日夜繁忙……國家繁榮昌盛，人民安居樂業，是一塊得天獨厚的樂土。當地人信仰龍神（即海神），將其視為至高無上的主宰，時時加以供奉。後來，大西洲的人們開始腐化，邪惡代替了聖潔，貪財愛富、好逸惡勞、窮奢極欲代替了天生的美德。此舉觸怒了龍神，降下滅頂之災，在一次特大的地震和洪水中，整個大西洲僅於一日一夜便沉淪海底，消失於滾滾的波濤之中……這個故事聽起來十分玄乎，但柏拉圖多次強調，它是歷代相傳，並非虛構捏造。

對柏拉圖筆下的大西洲，有人認為是天方夜譚，有人卻對此深信不疑，只是苦於沒有找到確鑿的證據。幾個世紀以來，眾多考古學家試圖證明它的存在，但都紛紛無功而返。直至2009年2月，英國媒體對外宣布：日

⑨柏拉圖：古希臘哲學家，也是全部西方哲學乃至整個西方文化最偉大的哲學家和思想家之一。他和老師蘇格拉底、學生亞里士多德三人，並稱為古希臘三大哲學家。

大圓滿前行廣釋（三）附大圓滿前行實修法

前，英國航空工程師伯尼·巴姆福德通過「谷歌海洋」軟件查看三維海床地圖時，震驚地發現在大西洋海底，竟有一塊貌似城市遺址的海床！這一驚人發現，讓全世界的考古學家、海洋學家們充滿了興奮，因為如果它真是一處城市遺址，那很可能就是傳說中沉入海底的大西洲。由此可見，人類用肉眼或分別念無法達到的地方，不一定就真的不存在。

前段時間，我去看了一處藏地的大型遺址，小時候那裡就有一些牆，後來我在土堆裡又發現許多古代的人骨，還有一些金屬材料。憶及昔日此處的風光，覺得一切太無常了。我們現在活在人世間，但死後會給後人留下些什麼？每個人理應有所考慮。

其實，觀無常對我來講非常樂意，周圍的一切事物，皆是開示無常的善知識。既然萬法無有恆常性，那我們對現在如蟲穴般的城市、住宅、寺廟等非常耽著，又有什麼用呢？有些城市裡的人真的很累，為了住得舒適一點，用分期付款的方式，把自己一生牢牢綁在房子上；山上有些修行人也是如此，為房子付出了大量時間，今年也修，明年也修，一直不好好地「修」心，只是拼命地「修」房子，最終有什麼用啊！

作為修行人，理應追循噶舉派諸前輩大德的足跡：背井離鄉，奔赴異地，居住岩洞，與野獸朝夕相伴，將衣食、名譽拋之腦後，過一種知足少欲的生活。不要像

現在世間人那樣，對物質生活要求特別高，穿的要高檔華貴，吃的要山珍海味，結果造的業也罄竹難書。對我們而言，一定要徹底依止噶當「四依處」——心依於法、法依於貧、貧依於死、死依於乾涸之壑。

什麼意思呢？首先，要一心一意地依止佛法，而不依止其他（心依於法）。其次，佛法的境界依靠安貧樂道才能生起，假如你整天追求奢靡豪華，任何修行也不會成功。當然，也不是非讓你把所有家當都處理了，變成一個窮光蛋，這個「度」要學會把握（法依於貧）。然後，安貧樂道不能只是一時熱情，剛出家時什麼都不要了，漸漸卻越來越富裕，最後死時家財萬貫，這說明法沒有融入心。噶當派的大德就像米拉日巴尊者一樣少欲知足，一輩子都過這樣的生活，死時也沒什麼牽掛，在山洞裡安詳示寂，但現在許多出家人在這方面做得不太好。當然，對城市裡的人來講，這樣做可能有點困難，但即便如此，至少也不能貪得無厭（貧依於死）。最後，要死在山谷裡，而不是城市裡，更不能是醫院裡。有些修行人知道時日不多，就到寂靜地方去，這種做法比較合理。倘若你沒有一定的修行境界，死的地方最好選擇寺院。以前的大德們都是如此，包括漢傳佛教的很多高僧，圓寂時要麼在茅棚裡，要麼在山洞裡，身患重病時並沒有入於城市——打開《高僧傳》就知道，這樣的故事相當多。當然，生病時依靠治療是有必要的，但在死

的時候，務必要前往寂靜之地（死依於乾涸之壑）。

　　作為一個修行人，修行務必要自始至終，保持不變。比如，出家人從受戒起一直到臨終，都要戒律清淨；在家人也應一輩子生活簡樸、業際無倒，在非常清淨的狀態中死去，這是最快樂的。不然，你最初捨棄一切，最後又一一重新撿回來，身陷五欲不能自拔，在欲求不滿的心態中離世，這是十分悲慘的。

　　總而言之，世間萬事萬物沒有多大意義，我們一定要追循前輩大德的足跡，以他們的傳統和教言要求自己，盡量讓修行善始善終。否則，末法時代障礙比較多，法越來越深的時候，違緣也越來越重。為此，始終要祈禱上師三寶和護法神垂念、加持自己：不要出現違緣，修法圓圓滿滿，菩提心日益增上。經常發這個願，這一點非常重要！

第三十四節課

第三十五節課

「壽命無常」正在講第五個問題，即思維各種比喻和意義而修無常。

這個道理很重要，但許多人不知道，雖然自己的身體、壽命本質上是無常的，可因為愚昧無知，始終被常有的執著所障蔽，如此就不能見到萬法真相。所以學習佛法的時候，觀修無常非常重要，噶當派的很多修行人，一生中盡心盡力地修無常，若對此能有所認識、有所體悟，修其他法門會非常容易成就。

當然，修無常不能只是口頭禪，應在實際行動中去了解、去觀修。它的道理很簡單，任何一個稍有文化的人，都可以領會其中含義，然而如果要付諸於實踐，確實不是那麼容易。不修的話，覺得這沒什麼，但若修到一定時候，因為自相續的常執太深厚，故很難一下子斷掉。

昨天講了堆際必倒之理，尤其是噶當四依，我們應當誠心誠意思索、觀想。下面繼續學習：

高際必墮：高高在上的地位、英勇無比的軍隊也都不會長存。舉個例子來說，《父子賢慧經》等佛經中[10]講的我乳轉輪王，是統治四大部洲的金輪王，其福報之

大圓滿前行廣釋（三）附大圓滿前行實修法

---

[10]《頂生王因緣經》、《大般涅槃經》、《起世經》、《中阿含經》、《長阿含經》、《大樓炭經》等中，皆有關於此王之記載。

大，舉世無雙。麥彭仁波切在《白蓮花論·布施品》中記載：久遠之前，人壽無量歲時，有一國王名為長淨，統治八萬四千小國，擁有八萬王妃。後來他頭頂生出一肉蛋，從中現出一相好莊嚴的小孩。此兒初生之時，國內出現種種瑞相，眾王妃乳房自然流出乳汁，她們都說：「讓孩子吸我的乳汁。」於是，人們稱之為「我乳王」，或者叫「頂生王」。

相師為他看相後，授記其將來定能成為統治四大部洲之金輪王。他長大之後，果真依靠輪寶統治了南贍部洲、北俱盧洲等四大部洲，使眾生盡享歡樂，並於數萬年中為眾人宣說利樂之道。

後來他覺得僅統治人間還不夠，便又向天人城市進發。到了天界之後，天人宮殿六十二扇大門自動打開。天人們為他擺設寶座，比帝釋天稍低一點，他便發願：「以我的福德力，願與帝釋天平起平坐。」隨其心願，帝釋天立刻分一半座位與他。此時，眾人看到他與帝釋天無論相貌美醜、功德大小、說話方式均無有差別，只不過帝釋天眼不眨、行走稍快一點而已，其餘皆無任何差異。

我乳輪王如是與帝釋天同等享用天人五種妙欲，時間為三十六個帝釋天全部壽命的總和。

當三十六位帝釋天中最後一位執政時，非天向天人發起攻擊。帝釋天無法打贏非天，只得倉皇跑回宮殿，

緊閉天宮大門。我乳王自告奮勇去迎戰，騰身虛空，立於非天之上。對於他的威望與福德，非天膽戰心驚、害怕異常，於是紛紛逃竄而去。

眼見非天已遭受失敗，我乳王沾沾自喜，心生一念：「我的威力已超勝一切，不應再與帝釋天同坐，應趕走帝釋天，成為人天唯一怙主。」當時的帝釋天為迦葉佛前世，是極具功德的嚴厲對境，故他剛生此惡念，福報就全部失毀，頃刻間一落千丈，墮落到南贍部洲以前他所住的舊王宮門口。此時他才明白，眾生的欲望不可滿足，遂於臨死前講了一些偈頌，其中一偈是：「雖降銀幣雨，貪者無滿足，智者於妙欲，知苦多無益。」

通過這個故事可以看出，人對權力、地位的欲望，永遠無有饜足之時。現在很多人不安於現狀，想自己的地位越來越提升，其實就算你圓滿擁有人間一切，內心仍然不會知足，這種貪得無厭終將毀了自己。正如有些上師在教言中所說：「欲望毀希望。」

很多人沒有學佛時，永無止境地往前奔，一旦學了佛以後，回頭一看，人生已走了一半，但一直迷迷糊糊、沒有目標，對於以前的所作所為，自己會感到無知、慚愧。這樣的感悟，尤其學佛比較深、對佛法產生定解的人都會有。

實際上，高際必墮的道理，在現實中也可以發現：古往今來漫長的歷史長河中，無論是一國之君的皇帝、

總統、國家主席，還是基督教、道教、佛教等各大宗教的教主，凡是有權有勢、擁有高官厚祿的人，沒有一個能始終如一地穩坐其位。包括一些地方官員、學校校長、部門負責人，也在不斷地替換，不斷地示現無常。

潛下心來想想，在我們眼前，無常的現象一直在不停上演，可因為以前從未受過這方面教育，心總被常有的執著遮蓋著，自然見不到萬法的真相。

無常分為細微的無常和粗大的無常，且不說剎那變化的細微無常，單論粗大的無常，如世間的興衰得失，有智慧的人應該很容易發現。可大多數人就算見到了，也根本沒有放在心上，所以每天漫無邊際地奔波忙碌，到頭來得不到便傷心欲絕。原因是什麼？就是對萬法的真相不了解。

舉目四周，無常的現象可謂屢見不鮮，去年為他人判刑的法官、領導，今年就可能因貪污腐敗，而鋃鐺入獄成為階下囚：

如上海原市委書記陳良宇，2008年4月因受賄、濫用職權等罪，判處18年有期徒刑。《世界經理人文摘》報導，據中紀委駐上海工作組向中南海提交的一份報告中披露：上海市、區、局、縣級高幹，用匿名、假名、化名在銀行開設了1322個賬戶，共有金額986億餘元。其中，陳良宇匿名賬戶就53個，有金額近3億元。

本月23號，韓國前總統盧武鉉跳崖自殺，據說他自

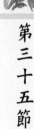

殺是迫於道德拷問和法律追究的雙重壓力。他長期追求的是清廉，但其多位下屬和家人都涉嫌腐敗，這對其是莫大的諷刺，他實在無法承受，就留下遺囑自殺了。但具體是什麼原因，我們也說不清楚。

還有台灣的陳水扁，當了八年國民總統，如今也因涉嫌貪污、洗黑錢等重罪，而被法院羈押受審。

此外，廣西壯族自治區主席成克傑、成都宣傳部部長高勇等等，從剛開始的一手遮天、風光無限，到最後的東窗事發、一敗塗地，他們身上都在詮釋著無常。包括一些寺院住持地位的改變、一些居士心態的改變，從中也很容易明白此理。

既然一切皆為無常，那無論在自己身上發生什麼，都不必覺得很倒霉、很痛苦，同時，在別人身上發生時也能理解。因此，修行對我們來講很有必要，若把這些道理學得相當好，在現實生活中，就會清楚一切都是如夢如幻，沒有恆常穩固性。

所以對修行人而言，要追求的是無衰無退、人天應供、圓滿正等覺的佛果，這是最根本、最究竟的目標，而有衰損的地位、財富、權勢，這些又有什麼用呢？現在雖然是競爭社會，在兩三個人的小團體中，為了爭奪負責人的位子，也會鬧得不可開交。可如果去詳細觀察，縱然是世界各國首腦，最後也會淪為普通平民，自己所希求的這點蠅頭小利，又有什麼意義呢？因此，我

大圓滿前行廣釋（三）附大圓滿前行實修法

們應唯一希求永無變化的佛果，除此之外，對任何事物也沒必要感興趣。現在很多佛教徒，學了無常法之後，不去跟別人爭地位，其原因也在於此。

對於以上道理，必須認真觀想、深入思維，如果覺得真是這樣，那麼在日常生活中該如何行持，這一點很重要。這個無常的道理，很多人字面上都理解，但從內心中真正生起定解的，不知道究竟有多少？

以上講了地位再高也不可靠，下面講親人和怨敵的關係也同樣無常：

從前，嘎達亞那尊者去化緣，看到一位施主懷裡抱著兒子，正津津有味地吃著魚肉，（我在家時從來不敢吃魚。學校食堂一吃魚，我就很苦惱，因為當天只能吃米飯，其他什麼也吃不了。可你們很多人一提起魚肉，包括有些出家人，也開始垂涎三尺，以前的習氣復甦了。你們大口大口吃過是吧？這也許是你父母親友的肉，所以現在要擦淨嘴巴，好好地懺悔。）並用石頭擊打在啃骨頭的母狗。尊者以神通觀察，發現：那條魚原本是他父親的轉世；母狗正是他母親的轉世；前世殺害自己的仇人，則轉生為他的兒子來償還宿債。如此洞曉之後，尊者說了這樣一個偈頌：「口食父肉打其母，懷抱殺己之怨仇，妻子啃食丈夫骨，輪迴之法誠希有。」

可見，我們前世最有緣的眾生，今生可能特別討

厭；今生依依不捨、感情上特別執著的，卻往往是前世的怨敵來討債。所以，依靠佛理來觀察，若對一個人特別耽著、從心底特別喜歡，說明這個人曾是你的怨敵。常有年輕人問我：「我跟某某的感情特別特別好，我不能沒有他，天天都想著他。您說說，我們前世是不是夫妻？」我總回答：「你們前世肯定是怨敵！」這不是沒有教證的，你今生中沒他就活不下去，沒他就要跳樓自殺，這種感情執著必定來自於前世怨仇的債；而你即生中特別看不慣的人，很可能才是前世最執著的親人。

且不說前世，即便是今生今世，親怨也是無常的。今天不共戴天的仇人，明天也許會變成志同道合的朋友而互相交親，情投意合非同尋常。這種現象不在少數。

所以，不要認為上述公案只是個傳說，了知也可以、不了知也可以，千萬不能這麼想。一定要深深地知道，人與人之間親怨是無常的，明白這一點後，執著就會逐漸淡薄，這對修行有很大的幫助。否則，始終陷在庸俗的情感泥坑中拔不出來，修什麼也修不好。

為了加深對此的理解，我再引用幾則公案：

《毗奈耶經》中記載，有個人特別疼愛兒子，為兒子造了很多很多業。他臨死的時候，由於放不下兒子，轉生成了自家一頭牛。兒子把牠殺了，吃了牛肉。他死後，又轉生為自家的牛，兒子又把牠殺了。他第三次仍轉生為自家的牛，兒子準備殺牠時，舍利子出現在他家

大圓滿前行廣釋（三）附大圓滿前行實修法

門口，通過神通觀察，發現牛一直在自言自語：「我已經來兩次了，但都被你殺了。我最愛的兒子啊，現在你又要殺我，我非常難受，實在是忍不了，但也沒辦法抵抗。」尊者將此告訴了他兒子，後來就把牛放生了。所以，我們平時所吃的肉，很可能是前世的親人。

《中阿含經》中也有許多精彩的故事，方便時你們應該看一下。看書要看有意義的，以懂得因果取捨之理，不要像現在人一樣，不喜歡看經典和論典，只愛看打仗、色情的小說，對自相續不但無利，反而有極大的損害。記得《中阿含經》中有一個人叫都提，他父親死後，轉生為家裡的狗，偷吃盤中食物；還有個人叫㲿檀，他父親轉生為乞丐，來他家乞討時，被打斷了手臂。

這方面的故事數不勝數。所以，平時與自己有緣的眾生，仇敵也好、乞丐也好，都要盡量做布施，對他好好地照顧，同時心裡要念一些觀音心咒。我們藏地有個傳統：一個人如果被蜜蜂、蚊子轉繞，就表示是他中陰身的親人未得解脫，中陰法王開許其以此身來尋求善法。因此，你們聽到耳邊有「嗡嗡」的聲音，一定要念些觀音心咒等進行迴向，或者布施一些食物，不要「啪」一聲就把牠打死了。

一般來講，按照《楞伽經》的觀點，我們現在所享用的肉，全部與往昔親人有密切關係，如經云：「我觀

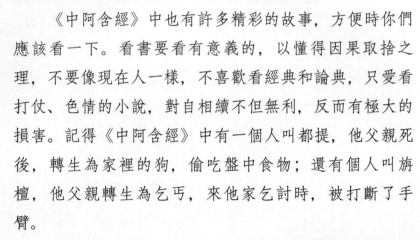

眾生，更相噉肉，無非親者。」你吃牛肉的話，這頭牛是你前世的親人；你吃豬肉的話，這頭豬也是你前世的親人。所以，能不吃肉是最好的，如此功德也不可思議，大家一定要明白這個道理。

若能深深了知六道輪迴中眾生輾轉投生，彼此互為父母親友，對各種悲歡離合就會產生厭離心，不會特別去執著。以前講《親友書》中的「父轉成子母成妻」時，我提到過漢地誌公禪師的一個故事：誌公禪師是梁武帝的國師，被公認為觀音菩薩的化身。有一次，禪師應邀參加一個婚禮。他去那裡一看，脫口唱了首道歌：「古古怪！怪怪古！孫兒娶祖母；女食母之骨；子打父皮鼓；豬羊炕上坐，六親鍋裡煮。眾人來賀喜，我說：苦！苦！苦！」

意思是什麼呢？

原來，新郎娶的妻子，是祖母的轉世。因為祖母特別疼愛這個孫子，臨終時還掛念他，一直拉著他的手，戀戀不捨地死了。（我們藏地有種習慣：人死的時候，不能被他拉著手，不然，他死後靈魂會一直纏著你。所以有人臨終時，如果對你伸手，你千萬不要靠近，否則，過段時間他就會在你夢裡或以其他方式出現。原來有個人的妹妹要死了，一直喊她哥哥過來，她哥哥特別害怕，馬上給我打電話：「我妹妹快不行了，但我不敢接近，她會不會抓著我？如果抓著我，以後她的靈魂纏著我怎麼辦？」）死後就投胎做個女孩子，長大後給孫子做媳婦。

大圓滿前行廣釋（三）附大圓滿前行實修法

所以誌公禪師說：「孫兒娶祖母。」

禪師到屋子裡，見一個小女孩正在啃豬蹄。這女孩的母親造了很重的罪業，死後投生為豬，現在辦喜事被人宰殺了，故小女孩在吃她母親的肉。所以禪師說：「女食母之肉。」

又看見院子裡一個小夥子，正高興地打驢皮鼓。他父親也是因為造罪，轉生為驢，死後被人剝了皮做鼓，正是這個小夥子在打的鼓。所以說：「子打父皮鼓。」

禪師往炕上一望，全都是往昔被吃的豬羊，如今投生為人，互為親戚，歡天喜地聚在一起。而在鍋裡燉的肉，卻是前世的六親眷屬。所以禪師說：「豬羊炕上坐，六親鍋裡煮。眾人來賀喜，我說：苦！苦！苦！」

當天整個婚禮狀況，禪師通過神通觀察，發現輪迴的鬧劇非常可笑。如果我們也能了知真相，還願不願做這些事呢？可能誰都不願意。但由於我們沒有宿命通，而且對因果取捨一無所知，所以做了很多難以描述的蠢事。因此，大家應想到世間許多事情無有實義，對無常觀一定要了解。

《大藏經》中有一部《法句譬喻經》，裡面也講了一個與之類似的公案：當年，舍衛國有一婆羅門很富裕，但他性格慳貪，每次吃飯時，都要關緊大門。（我們有些人是不是也這樣？到了中午的時候，鍋爐裡明明冒出煙，但門一直推不開，我附近有這麼幾個道友。他們吃完飯以後，門就打

開了。）有一天，他家煮雞吃，夫妻倆關起門一起享受美味，小孩坐在二人中間，他們時不時地夾雞

肉給小孩吃。

佛陀知道此人以宿世的福德，到了該度脫的時候，於是化現為一個沙門，直接出現在他面前。婆羅門見後非常生氣，說：「你這個人真是無恥，怎麼沒開門就闖進來了？」

沙門說：「是你自己愚癡，殺父、娶母、供養怨家，怎麼反說我無恥呢？」

婆羅門不明白這話的意思，便詢問原因。

沙門說：「這餐桌上的雞，是你前世的父親，因為他性格慳貪，所以常墮為雞身受苦。這小孩是羅剎鬼轉世，你前世常被他損害，你們之間宿業未了，所以他又來投胎當你孩子。你妻子是你前世的母親，她對你感情深厚，所以今世又轉為你的妻子。這種輪轉的戲劇，愚人不知，只有我看得清楚。」

佛陀顯現神變，讓婆羅門看到自己的宿命，他對輪迴也生起了厭離心。佛又為他說法，他當下證得初果。

所以，佛經中有很多業因果的豐富內容，包括過去講的《前世今生論》中，也有不少情節與此雷同的公案。我引用的公案稍微多一點，智慧不同的人，可以獲得不同的利益。只要你永遠記住一個公案，覺得它的內容非常精彩，以後在生活中，就會有取捨的餘地。否

大圓滿前行廣釋（三）附大圓滿前行實修法

則，若對這些道理一無所知，恐怕自己陷得越來越深。因此，我認為對佛教的了解非常重要，這種了解不可能一步登天，像一塊石頭突然掉到前面，你馬上就變成聖者了，不會這樣。但如果能日積月累，取捨因果的正見定會日趨完善。

話說回來，剛才講了勢不兩立的仇人可以變成交心摯友。反過來說，就算是親生父母、骨肉同胞，也會為微薄財產受用而懷恨在心，進而互相殘害。即使是夫妻或親屬，也有因雞毛蒜皮的小事，從而反目成仇，甚至自相殘殺。

世間人的感情變化，誠如《入行論》所言[11]，有時不需要多大事情。他們建立感情也容易，給一點點財富，說幾句好話，或者露一絲微笑，兩人就能成為無話不說的密友；而感情破裂也容易，本來是難捨難分的親友，只因中間出點誤會，如一方遇到困難時，另一方沒來看望，或者一個人說話時，用詞稍有不當，對方就非常生氣，從此再也不理他了。所以，凡夫人是很難取悅、很難契合心意的。

這樣的現象，在我們人生旅程中有很多。例如，別人給你一點東西、說一句好話，你們之間就好得不得了，你對他給的東西念念不忘，永遠當作無上之寶。而

---

⑪《入行論》云：「剎那成密友，須臾復結仇，喜處亦生瞋，凡夫難取悅。」

有一次他沒給你東西，卻給了別人，以此原因，你們馬上變成敵人了。可見，無論親友還是怨敵，都是無常遷變的。這是事實，很多人從自己身上也可以感受到。

既然親怨是無常的，我們就應懷著慈悲的心腸，愛護所有的眾生。這也是大乘佛教的崇高精神。學過《入行論》的道友，應該都有這種體會吧！有時想起上師如意寶，我們真的很慚愧。他老人家毫不顧慮自己，無私地奉獻一切，以這樣的利他心，在整個世界中，為弘揚佛法、救度眾生做出了不可磨滅的貢獻，可我們後學者能不能做到呢？我獨自一人默默沉思，越發覺得羞愧難當。尤其是自私心很重時，不管遇到什麼事情，由於「我」字當頭，就會產生許許多多煩惱。

所以，在座的僧眾、居士們，一定要發願：盡量像以前的高僧大德那樣，對不管是親生的兄弟姊妹，還是怨仇似海的敵人，都以慈悲心來一視同仁。雖然在凡夫位時，完全同等對待有一定困難，但至少應在道理上明白。只有這樣發願，其結果才是永恆穩固、不易遷變的，否則，今天跟這個私交甚篤，明天跟那個撕破臉皮，這些私人恩怨都是不可靠的。

苦與樂也是無常的：有些人上半生富裕快樂，是有地位、有財富的大領導，下半生卻窮困潦倒，淪落為無依無靠的乞丐；也有些人上半生痛苦不堪，「文革」時

成為批鬥對象，而得到平反以後，下半生幸福美滿，短短幾十年中有煥然一新的變化；還有些人上半生為乞丐，下半生卻變成國王……佛經論典中這方面的公案相當多。

比如，米拉日巴的伯父和姑母，曾霸占了米拉日巴母子的家產，逼迫他們流離失所。為了報仇，米拉日巴苦學咒術，學成之後，正趕上他伯父的兒子娶媳婦，請了很多客人到家中吃喜酒。於是他施展咒術，殺了三十五個人。短短半天的時間，一場喜宴就以悲劇告終。

事情經過是怎樣的呢？原來，當天喜宴樓下拴滿了客人的馬匹，其中一匹雄馬想欺侮一匹雌馬，其餘的雄馬不服氣，大鬧了起來。雌馬想狠狠地踢雄馬，可不知怎地，一腳把柱子給踢倒了，房子塌了下來，伯父的兒子、新娘等三十五人都壓死了，到處是一片慘叫哭號，悲慘的情景簡直令人無法想像。（他伯父家雖說非常富裕，但有時候看來，建築也不是很結實，一匹馬就能踢倒柱子，讓整個房子倒塌，確實不如現在的水泥柱子牢固。）後來，米拉日巴留下伯父和姑母的命，之所以不殺他們，就是讓他們活在世上作見證，看看自己的報應。

諸如此類的苦樂無常現象，其實還有很多，如美國「9‧11」事件，原本這一天是最吉祥的日子，但恐怖分子就瞄準這個，製造了慘絕人寰的爆炸事件。所以，

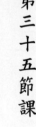

第三十五節課

暫時的快樂不一定永恆，痛苦很可能馬上降臨；暫時的痛苦也不一定長久，快樂也許會緊跟其後。世間一切苦樂都是不定的。

然不同的是，我們為了求法、修行，儘管暫時無吃無穿、歷盡苦行、飽經滄桑，但終究會苦盡甘來，獲得無上安樂，就像往昔出世的諸佛及米拉日巴尊者等前輩那樣。所以，為了求法而受苦，是非常值得、非常有功德的。尤其當我們年輕時，若能下很大功夫苦行，那麼到自己晚年、乃至生生世世，必定會感受無上的快樂。這一點，從《米拉日巴尊者傳》中也看得出來。不管藏地也好、漢地也好，全世界沒有不讚歎米拉日巴尊者的，他在最初是如何苦行，每個人應該清楚，而他最終所獲得的成就，讓無數眾生都得到了利益。

所以，修行肯定能得成就，這是毫無疑問的，關鍵在你能不能下功夫。不要說米拉日巴，即便是藏漢一般的高僧大德，通過看其傳記也能明白，他們在求學時下了極大決心，然後認認真真去修學，到了晚年時，不管是境界還是利他心，才會跟其他凡夫完全不同。人有了境界的時候，定會散發出慈悲和智慧的光芒，令眾生獲得無窮的利益，這是一個自然規律。反之，假如你在修行過程中，什麼感悟和境界都沒有，就算偶爾獲得一些地位、學位，但這個好景不常，過一段時間也會消失的。

大圓滿前行廣釋（三）附大圓滿前行實修法

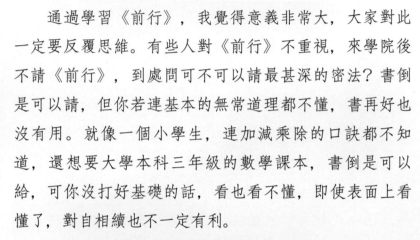

因此，每個人不管是什麼身分，務必要通過修行獲得一些境界。這種境界不是無緣無故就產生的，必須要下一定功夫。不管你有智慧、沒智慧，只要肯下功夫的話，有一分功夫就有一分收穫，這是決定的！

通過學習《前行》，我覺得意義非常大，大家對此一定要反覆思維。有些人對《前行》不重視，來學院後不請《前行》，到處問可不可以請最甚深的密法？書倒是可以請，但你若連基本的無常道理都不懂，書再好也沒有用。就像一個小學生，連加減乘除的口訣都不知道，還想要大學本科三年級的數學課本，書倒是可以給，可你沒打好基礎的話，看也看不懂，即使表面上看懂了，對自相續也不一定有利。

因此，希望大家首先打好穩固的基礎，這是我一而再、再而三反反覆覆強調的。你們在修行過程中必須要有次第，有了次第的話，肯定會有好的結果！

好，今天講到這裡。（很多新來的居士鼓掌）講得那麼精彩啊？我在這個山溝裡，講經二十多年了，從來沒受過這種待遇，今天是第一次。（鼓掌更起勁了）謝謝、謝謝！掌聲也是無常的，看那些國家總統，他們的掌聲非常多，可最後下台時，人人也開始鼓掌。所以要懂得無常啊，不能太激動了。

第三十六節課

現在還是講思維各種比喻和意義而修無常。修無常對修行人而言非常重要，這在前面也一再地提過，它是極為尖銳的一種竅訣，可直接斬斷對今世的執著。

我們要想成為真正的修行人，就一定要先看破今世。當然，光是口頭上說也沒用，務必要想方設法深深認識到：名聲、地位、財富、快樂等世人希求的諸法，只不過是夢幻泡影，實際上沒有任何意義。若能明白這一點，就會斷除對今生的貪著，對佛法也不得不產生信心。所以，無論出家人還是在家人，都要認認真真修持此法。

現在很多人口口聲聲說「太忙」、沒時間修，或者太懶惰、沒辦法修，究其原因，就是他們對無常沒有生起緊迫感，否則也不會如此懈怠。所以，《大圓滿前行》的內容至關重要，尤其是共同四加行，大家必須要再三修持。有些人認為「我已經修了一個多月」、「我都修一年多了」，實際上這並不夠，一定要經年累月長期修，通過不斷的串習，讓法義在相續中如實生起，這樣一來，你的修行才會有所收穫。

有位仁波切曾說，他的上師頂果欽哲法王，一生不論到哪裡去，總是隨身攜帶《大圓滿前行》，而且每天早晨修法之後，都會讀上幾頁，此習慣多年以來從未改

大圓滿前行廣釋（三）附大圓滿前行實修法

變。這位仁波切還說，他光從法王那裡領受這個法教，可能就超過十次：有幾次是法王給眾人傳時，恰好他也在場；大約有五次，是法王應他之請，或認為他需要受這個法，而把這個法教傳給他。

大家都知道，不管在印度還是藏地，頂果法王是公認的大成就者、大瑜伽士。像他這樣了不起的大德，對《大圓滿前行》尚且從不輕視，不會認為它只是個基礎法、初學者的法，那我們作為後學者，就更不能隨意忽視了。

我有時去外面看病時，學院有些人來看我，我經常問他們：「你包裡裝著什麼？」有些人不敢吱聲，可能裝著錢還是什麼，害怕被我「沒收」了；有些人說：「是《大圓滿前行》。」我聽後就非常高興，若能對法本這樣重視，他多多少少都會受到利益的。

其實想一想：像頂果法王那樣的高僧大德，畢生都帶著這個法本，我們為什麼不需要？修行並不是一兩天的事，也不是得一次傳承就可以了，而必須要終生堅持。華智仁波切之所以在如來芽尊者座下聽過那麼多次前行，如來芽尊者之所以在仁增・晉美林巴（無畏洲）座下得過那麼多次前行的傳承，這也是有原因的。所以，希望每個人對此應該值得觀察。

尤其是現在，我們正在修共同加行，這個機會相當難得，故大家千萬不要放逸，一定要精進。其實這個修

法一點都不難，你既可以安住修，也可以觀察修。什麼叫做觀察修呢？就是翻開書本，把壽命無常的每個道理、每個公案讀一遍，然後思維是不是這樣。最後你會發現這個道理千真萬確，萬事萬物瞬息萬變、無可信賴，沒有任何永恆堅固性。如此一來，你會覺得整個輪迴一點也不可靠，誠如有些大成就者所言，如同被密友欺騙了一般，生起萬分傷心、失望之感，從此對世間一切毫無興趣。若能產生如此厭離心，這是非常好的一種修行境界。

所以，對於修學《前行》，一定不能放棄。雖然古往今來不同上師有不同的教言：有些要求修加行；有些直接受灌頂；有些連灌頂都不用，就像貝若扎那在路上遇到邦麥彭滾波，以最快速度便可讓他證悟⑫。但按照傳統的修行次第，大多數人必須先修加行。如同世間的一些教育，要從幼兒園、小學、中學、高中依次上去，這與大部分人的根基比較相應。同樣，在修行的過程中，大家也應該先修共同加行。

有些大德弘揚藏傳佛教時，最好也能按照次第來，這樣別人不容易生邪見。畢竟凡夫人的分別念特別惡劣，要改變它需要一定過程，只有按部就班、循序漸

大圓滿前行廣釋（三）附大圓滿前行實修法

---

⑫大譯師貝若扎那流放在甲摩擦瓦絨地區期間，有一位年近八旬、老邁龍鐘的老人名叫邦麥彭滾波，上師將禪帶繫在他的身上，禪杖靠在他的腰間，對他傳講了上師瑜伽修法。結果他生起了直斷本來清淨的真正密意，最後身體散為塵埃而成佛。

進，才能逐漸生起相應的覺受，最後有機會獲得開悟。

因此，修學時務必要重視加行，這不能只停留在口頭上，而要對每個道理觀察修或安住修。在我們學院，以上的共同加行部分，許多道友已經修了一百多天，效果比較不錯，但還要不斷地修，時間越長越好。如果共同加行修得特別成功，大家在未來的修行旅途中，就會像意科喇嘛的傳承弟子一樣，不論遇到什麼違緣，都肯定不容易退轉！

下面繼續講苦與樂也是無常的：

可能有人認為：「有些人造了殺生等滔天罪業，但表面上看來，他不僅沒有感受痛苦，反而生意興隆、生活美滿，這是否有違『善有善報，惡有惡報』的因果規律呢？」

並沒有。如果你去詳細觀察，就會發現他現在造的惡因，不一定馬上成熟；而他正在感受的樂果，則是往昔善業的果報。所以，因果絕對不會錯亂，倘若一個人通過造罪而積累受用，雖然暫時獲得了快樂，但終究會感受漫無邊際的痛苦。

例如，從前的尼洪國家，國王以非法治國。後來因前世福報現前，最初七日中天降糧食雨，接著降了七日的衣服雨，之後又降了七日的珍寶雨，人們盡情享受從天而降的各種財物，生活非常愜意快樂。但緊接著又因

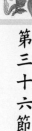

惡業成熟，天上降下土雨，使所有的人葬身土下，死後墮入惡趣中受苦⑬。

《佛教科學論》中也曾講過一個故事：某地有位醫術高明的醫生，一天，他的診所來了個四十多歲的婦人，她像雞一樣發出「皮鼓、皮鼓」的聲音，同時身體猛烈顫動，兩手像雞翅膀一樣向左右擴張。她說自己喉嚨有病，請求療治，但診察她的咽喉，並沒有什麼異狀。這位醫生是個虔誠的佛教徒，看患者的樣子，很像雞被絞殺時的狀態，詢問之下，她正是當地有名的販雞商的太太，於是他拒絕了她的求診。這位太太聽了以後，兩手如雞翅般顫動，叫著「苦呀、苦呀」，回到家倒地便死了。

還有，《前世今生論》中也記載道：有一個養雞專業戶，將所養的雞大批賣給雞販子，令其宰殺以牟取利潤。後來，他妻子生了個女兒，雙手與雞爪一樣，直接與胸部相連，而且腸子暴露在體外，讓人深覺恐怖異常。四川電視台對此事也進行了報導，很多人都親眼目睹過。

通過以上公案可知，一個人的幸福美滿，若依靠造惡業而得來，這只不過是暫時的，最終痛苦必定會紛至沓來、無法避免。

與之相反，一個人生活艱苦、遭受磨難，若是為了

⑬詳見《雜寶藏經》卷第十之《優陀羨王緣》。

大圓滿前行廣釋（三）附大圓滿前行實修法

行持善法，那也只是短期的，最終勢必會迎來光明。所以，我們在修行過程中，遇到一些違緣或困難，不要特別去在意、去耽著。

前段時間，聽有些居士說，他們在修加行時，受到百般阻撓，尤其是磕頭，家人親友極力反對，不像我們寂靜處的出家人，只要身體和心力允許，修行的環境非常自由。而他們作為在家人，學習佛法稍微好一點，可以偷偷摸摸、避開家人，但磕頭的話，不得不在家裡或單位裡，所以不信佛教的人一看，覺得這種動作怪怪的，就認為是在練氣功，好多人都比較擔心。雖然他們的心情可以理解，但我們修行人的言行只要符合真理，遲早會感動整個世界、感動身邊的人，故不要遇到一點點困難就放棄。

其實，對於無常的苦與樂，沒必要患得患失，特別去耽著。當你快樂時，背後肯定有痛苦相伴；當你痛苦時，背後也必然有快樂相隨。所以，痛苦和快樂是交雜而生的，沒有永恆的痛苦，也沒有永恆的快樂。因而，對今生的一切幸福受用、榮華富貴，我們也不要貪執不捨，理當追隨佛陀及前輩大德的足跡，將其如唾液般棄之不顧，一心一意希求正法，甘心情願承受身體的苦行及精神的磨難。

要知道，超越生死輪迴之法，只有佛教中有，而要真正獲得它，不經歷一絲一毫痛苦，輕而易舉就想得

到，這是絕對不可能的。不說一般凡夫人，即便是藏漢兩地的大成就者，在求法過程中，也難免會經受諸多苦難。不過，修行時越有違緣，就越有動力，以此也可提升自己的境界；如果一點磨難都沒有，修行過於順利，有時候反而容易退失道心。所以，我們要想做個真正的修行人，就一定要隨學前輩大德的精神，不管遇到什麼困難，都應盡力去排除、去克服，把修持佛法的偉大事業，在今生今世中貫徹到底。心中要默默發這種誓願。

我曾看過漢地來果禪師的四十八大願[14]，裡面的精神十分可嘉。修行人關鍵要有一種心力，假如你心力比較強，就算表面上比較弱小，但仍能達到自己的修行目標；可是如果你心力不夠，大多數發心都圍繞著自己，天天想著「我怎麼樣吃飯」、「我怎麼樣成就」……這完全沒有一點意義。

對上述道理，每個人要誠心誠意地思維、觀修。

好人與壞人同樣是無常的：這一點從世間、出世間兩方面來闡述。

（一）從世間方面而言：

能言善辯、知識淵博、智勇雙全之人，也有一敗塗地、一落千丈的時候。到那時，因往昔的福德耗盡，地位、名聲、勢力、財富等蕩然無存，思維顛倒，萬事不順，常常受人挖苦、遭人欺侮，以前僅具的少分功德，

---

[14]詳見《來果禪師語錄》。因發願文過長，故此處不作引錄。

大圓滿前行廣釋（三）附大圓滿前行實修法

似乎也變得一無所有。

　　現在就有很多這樣的人。比如，我們附近縣城的老書記、老縣長，原來極有名聲、有威望，生活上也非常講究，但退休之後，他們整天無所事事，為了打發時間，就泡在一些髒髒的茶館裡，喝些特別便宜的茶。這種茶要是在以前，他們不要說去喝，連看都不會看一眼。還有些人，在我的印象中，幾年前既有智慧也有能力，各方面相當了不起，可是現在一接觸他，跟過去簡直有天壤之別，這種無常的示現，實在令人唏噓不已。

　　不但我們身邊有這種現象，歷史上也不乏其例：如秦朝相國呂不韋，依靠自己的聰明才智，把兒子秦嬴政推上王位，自己號稱為「仲父」，獨斷專權、一手遮天，可謂一人之下、萬人之上。但後因嫪毐集團叛亂受牽連，他被罷免了官位，又恐日後被秦王所殺，不得不飲毒酒自盡身亡。

　　世間上，這樣的事例不勝枚舉。然遺憾的是，無常在我們眼前一幕幕掠過，許多人卻對此視而不見，不會把「無常」兩個字用在生活上，更不會用它來修行。我看有些老師講歷史時，只是把年代、大事交代一下，根本沒引導學生體會過無常。包括一些非常有名的教授，在演講的過程中，也從來沒有結合過無常教義。（他們在世間上很成功，折服了無數大學生和知識分子，所以我有時候喜歡聽他們的光盤，看他們到底是怎麼講的。但美中不足的是，他們

不懂佛法，以致把一些現象解釋得太表面化，深度不夠。比如某某朝代自公元多少年建立，誰來統治，期間發生過什麼事……了解這些雖說也有必要，但更關鍵的是，應在內心中產生一種修行的境界。）

實際上，無常在每個人身上都會發生，就算你現在再有智慧、再有能力，到了一定的時候，也會變得糊裡糊塗、任人欺負。所以，我還沒有變得特別迷糊時，盡量想抓緊時間，把藏傳佛教的珍貴竅訣譯成漢語，有些甚深教言也想整理出來。否則，無常的到來特別迅速，過一段時間身體不好了，或者發生別的事情，可能就沒有機會了。

無常的示現千變萬化，不僅好人可以變成壞人，壞人也可以變成好人。例如，許多人以前無有智慧、見識淺薄，行為也不如法，往往被貶為「騙子」、「狡詐者」。但後來他突然發財了，或者一夜成名了，便贏得了眾人尊重，被看成是見多識廣、精明能幹之人。正如俗話所說：「狡者年老成主人。」

我認識爐霍壽靈寺的一位格西，二十多年前，他是個不識字的在家人，在寺院旁邊打工，好多人特別看不起他。後來他產生了出離心，跑到印度求學二十多年。他剛去時字都不認識，但通過精進、刻苦的學習，結果考上了格西學位。他回到爐霍時，當地所有的人，包括寺院僧人，都排著長長的隊伍迎接他，給他獻哈達。現

大圓滿前行廣釋（三）附大圓滿前行實修法

今他是壽靈寺的住持，每天給僧眾講經說法。有一次他到我家裡來，在交談的過程中，我們講起了許多無常的道理，他對此就深有體會，說如果自己沒有出家修學，絕不會有今天的成就。

包括你們熟悉的人中，也時常有這種現象：有些人當年特別卑下，智慧淺薄，行為低劣，但過了幾年後，現在一見到他，他又有錢又有勢，特別能幹，他自己也特別傲慢。

就像漢高祖劉邦，早年是流氓出身，德行讓人不敢恭維。《史記》中說他貪酒好色，種種無賴行徑令人髮指。比如，一次項羽挾持劉邦的父親為人質，威脅劉邦說：「你如果不投降，我就把你父親煮來吃。」劉邦若無其事地回答：「你要是把他煮了，請分給我一杯羹。」還有一次，劉邦被追兵所迫時，為了減輕車載重量、加快車速，三次將自己的女兒和兒子（後來的漢惠帝）推下車，只顧自己逃命。然而就是這樣一個人，最終成就了一方霸業，成了漢朝的開國皇帝。劉邦做了皇帝以後，在設盛宴款待群臣時，對在場的父親誇耀道：「原先您總說我是個不務正業的無賴，不像二哥那樣能理家治業。如今我做了皇帝，您看現在是二哥的財富多，還是我的財富多？」

所以，在人短短的一生中，有時會有翻天覆地的變化，好人會變成壞人，壞人也會變成好人。包括我身邊

的有些道友，以前講考、背考特別厲害，很多人說他以後會成為了不起的高僧大德，但我不敢輕易斷言，畢竟未來的日子很漫長，什麼都是不定的；也有些人剛開始壞得很，好多人強烈要求把他開除，但我覺得，只要他沒有嚴重違反學院紀律，最好還是給他一次機會。我以前出去時，就遇到學院開除的有些人，他們在外面有許多錢、許多弟子，弘揚佛法的能力特別強，我也受過他們特別熱情的招待……所以，有時候很多事情都是無常的。

（二）從出世間方面而言：

俗話說：「具證年老求學問，捨事年老積財物，法師年老成家長。」這些也都是無常的體現。

「具證年老求學問」：有些具有證悟的人，年輕時一直精進閉關，好幾年根本不跟人說話，可是到了老年時，反而不去修行了，開始拼命聞思，希求學問。其實這樣不好，年輕時應該好好聞思，年老時應該好好修行。華智仁波切說過：「年輕實修老年聞思者，自己無利他人譏笑因。」假如你年輕時一點也不學，關起門一味實修，而年老時又想起來聞思，這對自己不但無有利益，在別人看來，也是值得譏笑之處。有些老年人嘴裡一顆牙齒都沒有了，還在天天背五部大論，這個確實沒有必要。老年人就該好好實修，要麼一心念佛，要麼持誦觀音心咒。

大圓滿前行廣釋（三）附大圓滿前行實修法

「捨事年老積財物」：有些人上半生是捨事者，拋棄一切世間瑣事，除了修行佛法，對什麼都不感興趣，但下半生卻努力積聚財物。

2006年10月，《北京晚報》中就有條新聞說「百歲老和尚還俗娶媳婦辦廠」，這令世人大為詫異。新聞中的老和尚叫釋法緣，記者採訪他時已有101歲，他說自己曾是一個寺院的住持，後因發生洪水，寺院被淹，他又到另一個寺院去做住持。但由於寺院日益清冷，香客稀少，他在96歲時產生了還俗的念頭。（當時他已有54年僧齡，門下弟子近3000人。）為了尋找一個良好的歸宿，不久，他就與一個53歲的寡婦結了婚。

無獨有偶，2008年《江南都市報》中也有一則新聞是：「九旬老人出家70年後還俗娶妻」。（你們不要把它只當成新聞啊，每個人應當觀察自身，引以為鑒！）這個老人出生於中醫世家，出家後行醫救人，常為附近老百姓看病。他最初是待在寺院裡，後來因種種因緣，在外地開了3年的診所，並在那裡定了居。他經常想起母親曾叮囑他：「一定要修行滿70年，以此可保家人平安。」於是當他修滿70年時，便開始蓄髮。

一個弟子見他年歲已高，身處異鄉，舉目無親，便建議為他找個伴，相互有個照應。於是老人就去一家婚姻介紹所徵婚，結果找到一個41歲的女人。那個女人跟家人商量時，遭到父母、兄弟、姐妹的極力反對，連

她女兒也不同意。但女方覺得他比較忠厚老實，就頂住一切反對和壓力，堅決跟他生活在一起。女方每月工資300元，見他剛搬到自己家鄉，沒有收入，就省吃儉用，每月給他200元做生活費。兩年以後，二人領了結婚證，據說生活得比較美滿。目前，這個老人又喝酒又抽煙，身體也保養得不錯。

可見，即便是持戒清淨、出家多年的人，以後會變成什麼樣，誰也無法預料。作為一個出家人，若能一生守持清淨戒律，以此身分離開世間，這是最值得隨喜的。

「法師年老成家長」：有些人上半生是為人傳法的阿闍黎，下半生卻成了獵人、盜賊、強盜；還有些上半生是持戒清淨、給人傳戒的羯摩師或軌範師，下半生卻子嗣成群。

我以前也講過，法王如意寶在石渠求學時，《根本律》、《戒律三百頌》等戒律方面的法，都是在一位上師面前得的。當時那位上師持戒相當嚴謹，行為極其調柔，托噶如意寶對他評價也特別高，很多弟子都在他面前受戒，或者求些戒律方面的教言。後來法王1996年去石渠時，他顯現上已經還俗了，生了一個孩子。他見到法王時，因為法王是很了不起的大德，他就向法王頂禮；而法王曾在他面前聽過戒律，所以也向他頂禮，兩人就這樣互相頂禮……當時我沒有去，但有些侍者是這

樣講的。對於這位上師，法王經常在課堂上讚歎他、恭敬他。

我寺院以前也有一位堪布，他年輕的時候，戒律特別清淨，跟寺院的住持活佛平起平坐。但後來在「文革」期間，他不但破戒，生了十幾個孩子，而且毀謗佛法，批鬥時打根本上師，整個人變得特別可怕。前幾年他死了，聽說當時相當悲慘。所以，從我們身邊發生的事例中也可以看出：一切都是無常的，暫時的修行根本不值一提，沒必要去特別炫耀，認為自己如何了不起。

反之，也有人上半生是屠夫、獵人、妓女，所作所為全是造惡業，下半生卻生起真實的出離心，一心一意修行而獲得成就；或者，即使沒有成就，但也已經皈入佛門，死後往生清淨剎土。

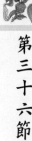

昨天有個道友說，他曾當過兩三年的屠夫，殺過無數的羊，從現在開始一定要好好懺罪，精進修持。還有一個人說，他為了懺悔罪障，從2001年起，三步一拜朝五台山、九華山、普陀山，至今還剩峨眉山沒有去。這樣的話，即使他們往昔業力特別深重，今後也有希望變成很好的修行人。因此，現在的賢劣顯現，可以說瞬息萬變，沒有任何現象是始終不渝、牢不可破的。

可是，有些人依靠上師等殊勝對境的加持，偶爾生起一點相似的出離心、厭世心，裝模作樣修了些法，有一些似是而非的境界，別人就把他看作是了不起的人

物，紛紛在其足下恭敬頂禮。此時的他，又有施主、又有弟子，沒有詳細觀察相續，反而以傲慢蒙蔽了內心，飛揚跋扈、一反常態，認為「我什麼事都可以做了」，這種人真正是鬼迷心竅、著了魔！

（大家一定要注意，華智仁波切的《前行》全部是竅訣！我在傳講的過程中，因為時間關係，有時候表達得不清楚，但只要你把這些金剛語反反覆覆閱讀，像頂果法王那樣，每天都念上一段，久而久之，對你的相續必定會有很大幫助。）

現在，藏傳佛教有些假修行人，在漢地造成了很不好的影響。他們心中根本沒有佛法，為了名聲、為了錢財貪得無厭，根本沒有利益眾生的念頭，這樣的話，即使他們打著「佛法」的幌子，但用不了多久也會被人識破。畢竟如今很多人相當聰明，分別念也很強，不要說一些邪師，就連真正的善知識，他們也常常看不慣，進而產生各種邪見。因此，大家一定要注意。否則，有些人一有了錢、有了勢，就對上師三寶不恭敬，取捨因果也不注意，做什麼都隨心所欲，似乎不必受業力約束，這種行為完全是著魔了。

我們學院出來的人，也有這樣的：有些人以前聞思很精進，各方面非常不錯，但出去之後，有點錢、有點弟子，就不知道天高地厚了。現在一聽說他們的事蹟、一看到他們的行為，就覺得好可憐，明明一點修行境界都沒有，還敢那樣欺騙眾生，一個地方看穿了他的真面

大圓滿前行廣釋（三）附大圓滿前行實修法

目，他馬上又換個地方行騙。而有些弟子也沒有頭腦，每天迷迷糊糊的，跟著他到處跑，真的非常悲哀。

那天有個人說：「你們藏地有些活佛不合理！如何如何……」我當即反駁：「你們漢地有些居士也不合理！因為真正的依止上師，前提必須是互相觀察，不能像餓狗遇到肉塊一樣，馬上就吞下去。」當然，有些人把佛法當成貨物來買賣，過失的確也很大，希望你們千萬不要這樣。不過若想自己不著魔，一方面要常看這些竅訣來修加行，另一方面，也要虔誠祈禱蓮花生大士、二十一度母。即使你不會念其他偈頌，但蓮師心咒和度母心咒一定要念，以前很多大德的傳承都是如此。

我個人而言，雖不敢說對上師們所傳的法，都能一一行持，但多年來一直祈禱蓮花生大士，故在邪魔如此猖狂的時代，自己的修行還算能夠把握。因此，大家有時間的話，也應時常祈禱蓮花生大士，若能如此，就像《贊戒論》所言⑮，絕對不會被邪魔控制。

當然，如果你已獲得了聖者果位，則不必擔心行為有什麼改變。但若尚未斷除我執、沒有生起無我智慧，那麼賢劣的表象都是無常的，今天你想好好修行，過段時間也許像著魔一樣，拼命去造惡業，誠如剛才所說，90多歲了還想還俗，這是相當可怕的。

第三十六節課

---

⑮頌云：「然亦會遭惡魔之危害，恆以恭敬清淨之信心，猛屬祈禱上師蓮花生，決定不為違緣所轉變。」

50

所以，我們應恆時修習死亡無常，審察自相續的過失。作為一個修行人，不需要過大的名聲、過多的財富，只要有基本的生活資具就足夠了，故當常常身居低位，行為如理如法。華智仁波切說過：「如理修法，方可弘法利生。」然而有些人比較無恥，根本不知道自己是個壞人，還在別人面前一直誇誇其談，炫耀自己如何了不起，這是值得羞愧之處。

真正的高僧大德，或有實修實證的人，從來不會宣揚自己，而只會觀察自己的過失。他們有強烈的出離心，三門寂靜調柔、謹小慎微，了知一切有為法皆為無常，時時思維輪迴的痛苦，恆常處於對上師三寶的信心和對輪迴的厭離心之中。如米拉日巴尊者云：「無人山谷岩洞中，恆具出離厭世心，上師乃為三世佛，強烈堅信永不離。」一個真正的修行人，在無人的山洞中修行時，恆時對輪迴有極大的出離心，對上師三寶有強烈的信心，並不是今天生一個信心，明天就沒有了。

信心和出離心，這二者是佛法的根本。按照噶當派的觀點，生起信心主要有四因：一是依止善知識，二是親近善道友，三是修行無常，四是多看經論。我們也務必要依此而實地修行，否則，今天自己是個修行人，但由於分別念是無常的，明天會變成怎樣也很難說。

從前有一個人，因為密友成仇、眾叛親離而步入佛門，後來經過一番修行，成了一位了不起的唐巴比丘，

風心獲得自在，可以在虛空中飛行。有一天，他在供施食子時，集來了許多鴿子，他見此情景，不禁心想：「我有這樣龐大的軍隊多好啊！若能如此，就足以消滅那些怨敵。」由於當時的惡念沒有轉為道用，導致他後來還俗成了軍隊首領。

可見，有時候的一念之差，結果往往很可怕。順治皇帝在《出家偈》中也說：「黃袍換得紫袈裟，只為當年一念差。我本西方一衲子，為何生在帝王家？」他以身著黃袍的帝王之軀，換去了身披紫袈裟的出家之命，這也不是無緣無故的，究其原因，完全歸咎於他當初的一念之差。

還有，宣化上人在《水鏡回天錄》中，講過崇禎皇帝的故事：崇禎是明朝最後一位皇帝，他前世是個沙彌，很有道心，但修行時總愛做皇帝夢，希望自己將來當皇帝。後來他很年輕就死了，寺院住持叫人把他的屍體拴在馬尾上，要求把屍體拖碎了、拖沒了為止，以此減輕他來世的痛苦。可他兩個師兄弟不明白師父的苦心，故不忍心這樣做，就把屍體偷偷埋了，致使來世崇禎落得個煤山吊死的下場。

因此，大家在修行過程中，務必要經常觀察自己，盡量把心轉為道用。如今依靠良師益友的助緣，我們暫時擁有了修法的時機，但凡夫的想法沒什麼恆常可信的，故一定要夜以繼日勤奮修法，活到老，修到老。

關於「活到老，修到老」，我想起了蘇東坡的一個故事：蘇東坡從小就喜歡讀書，他天資聰明、過目不忘，每看完一篇文章，便能一字不漏地背出來。經過幾年苦讀，他已是飽學之士。一天，他乘著酒興，揮筆寫了一副對聯，命家人貼在大門口。上面寫到：

讀遍天下書

識盡人間字

過了幾天，蘇東坡正在家看書，忽聽僕人通報門外有人求見。他出來一看，是位白髮蒼蒼的老太太。老太太指著門上的對聯，問他：「你真已讀遍天下書，識盡人間字了嗎？」

蘇東坡一聽，心裡很不高興，傲慢地說：「難道我能騙人嗎？」

老太太從口袋裡摸出一本書，遞上前說：「我這裡有本書，請幫我看看，上面寫的是什麼？」

蘇東坡接過書，從頭翻到尾，又從尾翻到頭，書上的字竟一個也不認得。他不禁羞愧萬分，覺得自己說的大話太丟臉，伸手想把門上的對聯撕掉。

老太太忙上前阻止：「慢！我可以把這副對聯改一下。」於是在每句前面各添兩個字，改成：

發憤讀遍天下書

立志識盡人間字

並諄諄告誡：「年輕人，學無止境啊！」所以，我

大圓滿前行廣釋（三）附大圓滿前行實修法

們在求學的過程中，也要記住「學無止境」這句話，萬萬不能驕傲自滿、得少為足。對於以上道理，每個人一定要認真觀想，深深思索。

綜上所述，通過這幾節課思維無常的各種喻義，大家理當深信：上至三有之頂、下至無間地獄，皆無有絲毫恆常穩固的，都是遷變增減的本性。

第三十七節課

下面繼續學習《大圓滿前行》中的「壽命無常」。此科判分為七部分，今天開始講第六個。

觀修無常的每一個引導都特別重要，大家若能對書中的內容經常串習，時時刻刻觀得起來，始終有種無常的感覺，那麼修行肯定會成功。因此，我們所學的法一定要融入心，與自己的相續完全結合，而不能只停留在書本上。雖然廣聞博學也有意義，但你的心若沒有調柔，即使通達了千經萬論，一切顯密教法倒背如流，也不會有非常大的利益。當自己面對生老病死時，當離開這個世間時，如果沒有以修行境界來攝持自心，很容易與法南轅北轍、背道而馳。所以，我們作為修行人，要常常思維高僧大德傳下來的這些殊勝金剛語。

丁六、思維死緣無定而修無常：

我們南贍部洲的人，從出生那一刻開始，便一步一步邁向死亡。人人都清楚自己終究難逃一死，但死的方式、死的因緣、死的時間卻決定不下來，也就是說，以何方式死、以何因緣死、於何時何地死，誰都無法確定。

在座的道友們，未來在一百年之內，基本上會一個都不剩，紛紛離開人間。不過，每個人死的方式卻不相同：有些死在醫院裡，有些死在馬路上，有些跳河而死，有些自殺身亡，有些在天災人禍中受難……但你自

大圓滿前行廣釋（三）附大圓滿前行實修法

己到底會怎麼死？可能誰也不清楚。

死的地方也是不定的。學院許多道友非常希望能死在喇榮，但你身體好的時候這樣講，而身體一旦生病了，由於這裡醫療條件比較差，就忙不迭地請假下山看病，結果沒有死在喇榮，反而到自己的故鄉去「圓寂」了。

死的時間也沒個定準。假如死的時間能決定下來，我們知道自己還有幾年才會死，就可以合理安排剩餘的時間，規劃每天修幾座法、念多少咒語，可是這個也定不下來。

那麼，唯一能決定的是什麼？就是我們的生命有減無增，一直在不斷流逝。如寂天論師云：「晝夜不暫留，此生恆衰減，額外無復增，吾命豈不亡？」中陰竅訣和其他修法中也比喻說：如同一個人墜入萬丈深淵，緊急中抓住一把草，可旁邊有黑、白兩隻老鼠輪番啃這些草，眼看著草就要被啃斷；下面還有猛獸張開大口在等待著。正在這時，他看到上方的蜂窩裡滴下蜂蜜，甘甜清爽，於是忘記了自己身處險境，津津有味地品嘗著蜂蜜。這是什麼意思呢？我們的壽命像所抓的草一樣特別脆弱，晝夜流逝就像黑鼠和白鼠在交替啃草，死後所墮入的惡趣猶如張開血盆大口的猛獸，然而，眼看著生命就要走到盡頭、來世的命運令人堪憂，人們卻仍沉迷於如蜜汁般的五欲妙樂中，這是極其愚癡的行為。

所以，大家一定要多思維死亡無常。很多人經常為

未來勾畫宏偉藍圖，包括來學院的一些居士，也總是說：「我現在不空，要先離開學院去上班掙錢。等過了四五年，我再來學院出家，好好修行。」結果一回去之後，因為出現了各種無常，這種願望往往中途夭折，要麼自己死在了外面，要麼短期內發生了重大變故。

前不久，我們去朝心寶山的那天，來了個剛從青海醫學院畢業的藏族小姑娘，她以前看過《入行論》及其他法要的光盤，對佛法生起了很大信心，覺得人身特別難得，不願意再混在世間中，非要到喇榮來出家。她母親也跟她來到我面前，同意讓孩子出家修行。我當時見她們態度誠懇，就沒有拒絕。她們見我同意了，就歡天喜地地回去了，準備籌錢在這邊買房子。

但前兩天，她母親突然哭著給我打電話，說她女兒本想盡快出家，但在醫院檢查身體時，發現得了晚期癌症，不能過來了。她女兒也給我通電話說：一方面她自己很高興，能在臨死之前聽聞佛法，現在面對死亡也沒那麼恐怖了，但遺憾的是，她一直想在喇榮當個出家僧，不過這輩子沒有這個因緣了，只有發願下一輩子在我座下出家。她還有一個願望是，她曾在學院看見一些老覺姆的鞋破破爛爛，以前我在《旅途腳印》中也提到過⑯，所以這次若有人給她一些錢看病，她死後準備把這錢寄過來，讓我給這些老覺姆，或者救濟一些貧困的

⑯詳見《妙法寶庫19——旅途腳印》之《老尼》。

大圓滿前行廣釋（三）附大圓滿前行實修法

人，她願以此功德迴向一切眾生。我剛聽到這個消息時，心裡還是有點難受，畢竟她只有26歲，無常的降臨實在太快了。但她不顧一切過來的話，一是路途太遙遠，二是她父親不同意，因為她父親是個比較有名的醫生，要求她盡快做化療，雖然這病無藥可救，但還是要作一些努力。

其實我們每個人身邊發生的無常非常多，然而很多人沒有把它當回事，總認為示現無常的是別人，自己永遠不會這樣。尤其是以前沒學過佛的人，或即使學了佛、但沒有特別深入的人，無常觀可以說比較欠缺。因此，通過這次聞思，希望大家好好思維這個道理，看看外面的山河大地、春夏秋冬是不是剎那變化？內在的信心、悲心，或貪心、嗔心是不是瞬息萬變？包括自己最珍愛的身體和生命，是不是也沒有恆常穩固性？這方面一定要仔細觀察。正如前輩大德所說，要把雙手放在胸口，斂神閉目想一想：「我在這個世間還能活多久……」但可惜的是，千千萬萬的人從沒想過無常之理，他們只顧眼前的利益，盲目追求今生的享樂，最終獲得了什麼？失去了什麼？很多人應該反省一下。

這個世界上，生緣可謂少得可憐，死緣卻多如牛毛。如聖天論師云：「死緣極眾多，生緣極稀少，彼亦成死緣。」龍猛菩薩在《中觀寶鬘論》中也說：「死緣何其多，生緣何其少，彼等亦死緣。」在我們每個人周

圍，火災、洪水、毒害、地震、險地、野人、猛獸等死緣層出不窮，看看每天的新聞報紙，時時都在報導世界各地所發生的種種災難，人類的生命無時無刻不在面臨著威脅。除了這些自然災害，人類自身的四大不調，也是不可忽視的致命之因，如佛典中言，人類疾病有404種，魔障有8萬種……可見，危害生命的死緣多之又多，而生緣卻微乎其微，即便是人們視為生緣的衣食、藥物，有時候也會成為死緣。

尤其是現在人沒有因果觀念，為了牟取暴利而不擇手段，製造出大量武器、偽劣商品，直接或間接威脅到了人們的生命。譬如，被詡為延年益壽的營養品或健康食品，裡面的有毒物質令人咋舌；還有被譽為高貴身分象徵的皮草、真皮，在加工生產過程中，能分解出多種有害芳香胺，嚴重危害人體健康，甚至可誘發皮膚病及癌症。

值得一提的是，在飲食方面，致死的因緣也不計其數：許多人抱著對身體有利的希望，爭相享用一些昂貴的食品，結果不但對身體無益，反而食物變成毒，誘發各種各樣的疾病；或者有些食物不宜合在一起食用，如牛肉配紅糖、狗肉配黃鱔，同吃則發生不良反應引起中毒，乃至會置人於死地，但很多人卻沒有這種常識；還有些食物因烹調方法不當⑰，或者貯存不當⑱，也能產生

大圓滿前行廣釋（三）附大圓滿前行實修法

---

⑰如四季豆，加熱不透，內含的毒素不能被破壞，可引起食物中毒。
⑱如土豆發芽、發青，會產生有毒物質。

意想不到的毒素。

　　尤其是一些肉食更為可怕。2004年，廣東佛山超過100萬人感染了肝吸蟲病。據了解，這次致病的原因，是當地人有吃生魚肉的習慣，卻不知這些「美味」竟然是肝吸蟲的大宿主。以前藏地也有人愛吃生的羊肉、牛肉，其實這些生肉中含有大量細菌、病毒、寄生蟲，吃到肚子裡以後，可引起種種惡疾。還有，南方很多人喜歡吃猴腦，但醫學專家表明，猴子身上有一種可致命的病毒（猴白血病），一隻攜帶病毒的猴子，即使只對人吐口唾沫，也可能致人感染，更不要說去生吃猴腦了。

　　然而在當今時代，大多數人過分貪愛葷腥，肆無忌憚地享用血肉，根本沒有佛教因果觀念。在藏地，華智仁波切沒有出世之前，因受苯波教傳統的影響，享用血肉的現象非常嚴重，人們似乎沒有不染上「瑪敦」病或「夏珍」病的⑲。而在漢地，尤其是住在海邊的人，經常生吃蝦蟹等海鮮，因此而罹患肺吸蟲病、肝吸蟲病、菌痢、肝炎的不勝枚舉。如1983年和1988年，上海發生了兩起甲肝大流行，前一次發病人數2萬人，後一次發病人數達31萬多人。調查證明，這都是由於生食毛蚶引起的。

　　現在人不但對「海味」極有興趣，即便是被列為國家保護動物的「山珍」，也不願意放過。可是食用這些

⑲瑪敦、夏珍：因食肉所導致的兩種病。

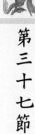

野生動物，並非安全無虞、高枕無憂。例如巨蜥的身上，就被檢測出有近700個寄生蟲體，一旦將其吞食下腹，其危險性不言而喻。

不過，不吃肉就不會有這些擔憂，所以對吃素的觀念，大家理當廣泛弘揚。如果你懂因果，讀過《楞嚴經》、《涅槃經》，就會對此非常清楚，但即使你不信這些，僅僅是為了身體健康，吃素也有很大利益。前不久，我看到老年編委的一本書中，有個記者問本煥老和尚：「佛門裡的人不吃肉，好像不太科學，我覺得人體需要營養。」本老笑笑說：「你看看我的身體，活到102歲了，我缺不缺營養？」

的確，吃素是長壽之因。1972年，日本東京大學的教授本間道、光崗知足，他們通過觀察發現，東京地區的居民比住在鄉村的居民壽命短。當時東京居民約70歲，長壽村的人則能活到90歲、100歲。原因是什麼呢？研究表明，東京居民生活好，賺錢較多，吃的大多是肉食；而鄉村裡的人沒有錢，故多偏向素食。

吃肉為什麼能損害健康呢？因為肉食會破壞人體的免疫力。吃肉過度的人，體內細胞酸會堆積過多，超出一定的負荷時，身體的細胞會發生老化，影響白血球的抗病毒能力。而且，肉食吃進身體之後，在大腸裡會堆積很多殘渣，進而產生大量細菌，散發出種種毒素，形成致癌物質，造成身體不健康。所以，他們最終得出的

大圓滿前行廣釋（三）附大圓滿前行實修法

結論是：斷肉茹素、改變飲食習慣，才可以讓人健康長壽。

因此，我們確實不適宜吃肉，否則，各種疾病會在身上此起彼伏，直接影響壽命的延長。為何漢地高僧大德中，百歲老人比比皆是，而世間人中，長命百歲者寥寥無幾？實際上原因也在這裡。所以，凡是希望長壽的人，最好能夠堅持素食。如果你長期茹素實在有困難，那也應該少吃肉，每個月的佛教節日中盡量吃素，逐漸把這種習慣培養起來。不然的話，我們的生命本來就不長，再加上飲食習慣不合理，活的時間就會更短了。

現在世間上的疾病死亡，大多數都是飲食不當所致。此外，為了追求財富和名譽而奔赴沙場，或者遭遇猛獸、隨意渡水而命喪身亡，這類現象也不可勝數。所以，在人的一生中，死緣時時環伺在我們身邊，讓人防不勝防，故不管是走路也好、開車也好，大家應該經常憶念無常。比如，每次坐車上高速公路，都要有種恐懼感，因為前一秒鐘你活在人間，後一秒鐘就可能發生交通事故，車毀人亡；或者你走路的時候，一不小心滑下去掉入河裡，被湍急的河水卷走，也只不過是幾分鐘的事。很多人總認為：「我不會死吧，因為我還年輕，還有許多事業沒做完……」但這些理由只是相似的理由，一點都不充足。如果因為你年輕就不會死，這是絕對不可能的，按照因明的說法，這叫做「不定因」。

第三十七節課

真正修行好的人，時時都會憶念死期不定，始終想著「不知我什麼時候死」，有了這種觀念，修行起來會很精進，不會天天聊天、做些無義瑣事。但現在城市裡的人，最缺少的就是無常觀，一直把修持善法拖到明年、後年，甚至退休之後。我就遇到一個50歲的人，他說自己等15年以後，再來學院學法，把未來計劃得相當「不錯」。

《法句譬喻經》中也有一個這樣的老人：佛陀在舍衛國時，城裡有位年近八十的老婆羅門，家財萬貫，生性頑愚吝嗇。他為了給自己建造一棟豪華巨宅，花費大量時間親自監工，指揮工匠。佛陀通過智慧觀察，得知他只有這一天的壽命，然其卻毫不知情，忙忙碌碌於無義之事，特別可憐，於是就親自來到他的面前。

佛陀見到他後，問：「你這樣賣力是否疲倦？修建如此豪宅有何用處？」

老婆羅門驕傲地說：「這房子前邊是客廳，後邊是我的臥室，東西兩廂供家人、子女、僕人住。夏天可到涼台乘涼，冬天搬回暖房居住，舒適得不得了。」

佛陀說：「你的想法不錯，但我有一偈想送給你，你暫且放下工作，坐下來聽聽好嗎？」

老婆羅門答言：「我很忙，沒空坐下來聽，過幾天再跟你好好聊吧。你如果有事，可以先簡單說一下。」

佛陀說：「你雖然對未來安排得特別好，自己認為

自己比較有智慧，但卻不知無常迅速，很快就會離開人間，還在一味不停地忙碌，再沒有比這更愚癡的了。」

老婆羅門聽後，說：「你講得確實有道理，但我今天實在太忙，以後再聊吧！」

佛陀見他冥頑不化，怎麼勸都無濟於事，也只好由他去了。佛陀離開後不久，老婆羅門親自去上屋頂的大梁，結果大梁突然墜下，當場把他砸死了。

現在也有很多老人，像這個老婆羅門一樣，人老心不老，好像自己還能再活幾百年似的，成天對未來作著打算，為子子孫孫計劃安排，這是相當愚癡的行為。所以，每個人要經常思維自己還能活多久，若能如此，就不會特別貪著今生的名聲、財富、感情，甚至為此寧願捨棄生命。如果你無常修得好，一方面自己遭受疾病、痛苦時，有勇敢面對的能力，另一方面，你身邊的親友發生意外時，也不會怨天尤人、尋死覓活。因此，學法不能只留在形象上，必須要想方設法將其融入於心。現在有些宗教過於注重形象，倘若深入其教義，沒有什麼可挖掘的，而我們佛教並非如此，不但理論上講得非常究竟，還要求付諸於實際行動中，讓每個人多多少少有一些感覺，這即是佛教的偉大之處。

話說回來，正因為眾生的死緣各種各樣，所以死期無法確定。有些人在母胎中便已死亡；有些人一出生就斷了氣；有些人剛學會爬就已夭折；有些人壯年時離開

人世；還有些人在垂暮之年壽終正寢。如佛陀在《因緣品》中云：「有者胎中死，有者落地亡，有僅爬行逝，有跑時夭折，有老有年幼，有些壯年人，相繼而離世。」漢地也有句俗話說：「黃泉路上無老少。」一個人不管年老還是年少，死亡對他而言都是平等的。可有些年輕人認為：「你看我頭髮還沒白，怎麼會死呢？決定不會。」他自己這麼有把握，可能是獲得了「長壽持明」的果位，很了不起！

還有些人生病時，沒有得到及時救治而死；有些人已坐上救護車，卻死在了半路上；有些人久病不愈、臥床不起，在瘦骨嶙峋中死去，並且死不瞑目（我見過很多這樣的病人，想死又死不了，想活又活不成。前段時間有個人給我打電話說：「請您加持我快一點死！我這樣活著，既拖累別人，自己也特別痛苦。」但他業力沒有消盡的話，想死也不是那麼容易的）；也有很多患了「洞特」病[20]的人，在食物還未吃完、話還未說完、事情還未做完中死去；還有些人自殺身亡[21]。

當然，凡夫人面對死亡時身不由己，只有隨業力而去，而作為超凡脫俗的聖者，則已達到了生死自在。前不久我講過，我隔壁的那個喇嘛，正在念經時就跏趺坐

大圓滿前行廣釋（三）附大圓滿前行實修法

---

[20]洞特病：患此病者會突然昏倒，需立即放血搶救，否則就有生命危險。
[21]《環球時報》有一篇文章報導：全球每年約有100萬人自殺，其中30%來自中國。據統計，全世界每40秒就有1人自殺身亡；在中國，每2分鐘就有1人自殺身亡，8人自殺未遂。

而圓寂。後來很多道友說，當天空中出現了彩虹。我剛開始不太相信，因為平時對這些不是特別盲從，但看到照片以後，發現彩虹現得非常好，上面的日期也對得上，所以確信他已得到了成就。敦珠法王所造的《藏密佛教史》中，這樣的事例也不乏其數，如貝若扎那傳承中的密宗持明者，有些離開世間時，把披單、念珠掛在柏樹枝上，騰空直接飛往清淨剎土……如此境界超越了世俗想像，一般凡夫人難以企及。

總而言之，在這個世界上，死緣非常非常多，不管是吃飯、走路，還是坐車、乘飛機，甚至只是待在家裡，死亡都會突然降臨。而在以上眾多的死緣中，生緣卻如風中殘燭般微薄。如《寶鬘論》云：「常住死緣中，如狂風中燈。」《大莊嚴論經》㉒亦云：「命如風中燈，不知滅時節。」佛經中還說「人命在呼吸之間」、「命如水泡」……既然如此，大家就不要天天忙於打扮、賺錢，對未來有許許多多籌劃，畢竟死亡的到來往往讓人措手不及，也許現在它就會突然降臨，誰也無法確定明天會不會轉生為頭上長角的旁生㉓。所以，大家應當誠信死期不定、生處不定的道理，並對此長期認認真真去實修。

㉒《大莊嚴論經》：十五卷。相傳為印度馬鳴造，鳩摩羅什譯。又作《大莊嚴經論》、《大莊嚴論》、《大莊嚴經》。收於《大正藏》第四冊。主要是搜集佛陀本生，及諸種善惡因緣、譬喻等九十章故事，以供求道者參考。
㉓此處指的應該是一些濕生含生，如頭上長角的小蟲，他們很短的時間即可形成身體，不像犛牛等需要住胎很長時間。

丁七、思維猛厲希求而修無常（通過猛厲觀修無常，斬斷對今世的貪執，然後一心希求解脫法）：

我們隨時隨地要唯一觀修死亡，觀想行、住、坐、臥一切所為都是今生最後一次。口中如此言說，心中也這樣誠摯觀修。

比方說，出門去往其他地方時，心裡要做好準備，自己可能會客死他鄉，永遠不會回來了（我這方面做得不太夠：每次離開學院到別的地方，自己還是有種無常觀，覺得可能不會回來了；但剛才下來上課時，卻覺得等會兒肯定能回去。所以對我而言，出門時間長一點，還會觀一下無常，可時間稍短一點，這種念頭就很少了。按理來講，我們不管到哪裡去，上廁所也好、提水也好，都要想「我等會兒可能回不來了」，時時要有一種強烈的無常觀）；啟程上路或在台階上休息一會兒，也要想自己可能會死於此處；無論住在哪裡，乃至於某地暫宿一晚，都應觀想可能會死在這裡。

當然，世間人聽到這些，也許覺得你有毛病、不正常，身體明明好好的，光是坐在台階上就死了，這是不可能的，倘若每天都處於這種恐慌中，對生活沒有遠大目標，就太消極了。但實際上不是這樣，他們對世間的追求，跟我們修出離心完全不相同。我們若通過這種修法，真正產生了出離心，那麼除了希求解脫外，對什麼都不會感興趣。有些人剛生起出離心時，馬上就想出家修行，任何人都勸不住，原因是什麼呢？就是他看到了

大圓滿前行廣釋（三）附大圓滿前行實修法

萬事萬物的真相，沒有時間再等了。反之，如果你沒有產生這種念頭，還是會照樣貪求世間的一切。所以在這方面，修行人與世間人有一些抵觸，如果你無常修得特別好，定能看破世間萬法，就像膽病患者見到油膩食物一樣，對此沒有任何興趣，唯一只希求解脫。

因此，我們不論做什麼，都要時刻憶念死亡無常。晚上睡覺時應該想：「今晚我會死在這個地方，明天不一定還活在人間。」（這一點我倒經常能想，尤其是晚上睡之前，心比較清淨、沒有胡思亂想的話，常能思維這個內容。其實觀修無常需要習慣，每天若在睡前多想一想，這種憶念自然而然會生起來。千萬不要像動物一樣，睡時倒頭就呼呼大睡，醒時迷迷糊糊就爬起來了，一點佛教意識都沒有。）早晨起床時也要想：「今天我也許會命絕身亡，今晚不一定還有睡覺的機會。」要發自內心、情不自禁唯獨觀修死亡。（修行好的人，對此會深有體會；而平時不修的人，我講得再多，對他也不一定起作用。）

從前，噶當派的格西們，每晚睡覺之前常常思維：「不知道明天早晨還用不用生火？」因此，他們往往不蓋火，將碗也是倒扣放置，時時都對死亡有堅定不移的勝解。

過去的藏地不像現在，那時做飯沒有電爐、煤氣，只是拿三塊石頭壘個灶，上面放著鍋。晚上睡前要蓋火時，先加幾塊大一點的牛糞或木頭，然後把灰倒在上

面，再壓一塊大石頭。早上起來後，撥開灰找到火星，生火就很容易了。以前我小時候，藏地的生活習慣都是如此，但現在好像沒有了，一方面是火絨、火鐵難以操作，另一方面，有了火柴、打火機後，生火就沒那麼困難了。不過在古代，每家每戶晚上都要蓋火，而噶當派的修行人，由於無常修得好，擔心自己一睡下去後，明天再也不會起來了，所以往往都不管火。

而且他們還要把碗扣下。按照藏地的傳統，人死後才把碗倒扣起來，活人是不能隨便扣碗的。有些小孩若把碗扣下了，父母會使勁打他，認為這很不吉祥。所以，噶當派的有些行為，以世人的眼光來看，或許是一種不可理喻，然而在我們眼裡，這卻是真正的修行境界。

我自己雖說不是噶當派的，但對他們的修行非常嚮往，每次出門也常想「我這次出去會不會死啊」，有些該交代的事情，就會提前交代清楚。去年有次我出門前，跟一個道友說：「我這裡有一些錢，要怎麼處理，哪些是放生的……」那人聽後非常害怕，以為我有神通，知道自己大限將至，就連忙祈請道：「您不會死、不會死！要長久住世、長久住世！」（眾笑）

其實對於死亡，每個人都要有一些準備，這是噶當派的傳統，也不是什麼不吉祥。但有些人可能認為：「我今天剛出門辦什麼事，就擔心會不會死，緣起可能

大圓滿前行廣釋（三）附大圓滿前行實修法

不太好。」實際上這也沒什麼。若能長期這樣觀修，到了一定的時候，你自然就會生起無常觀，以此可鞭策自己精進修行。

當然，這不能是光說不做，只停留在表面上，而要在實際行動中身體力行。以前的一些老修行人，因為觀修無常的緣故，心始終不會散亂，每天的修行安排得特別緊，所以我們也應向他們學習，盡心盡力觀修無常法，千萬不要放逸懈怠！

第三十七節課

第三十八節課

今天還是在講「壽命無常」。這次不管講壽命無常還是其他引導，都通過教證、公案敘述得比較詳細。我個人覺得，講經說法的時候，內容最好是講多一些。

然而，現在有些人認為，佛教方面的著書或開示，內容應該越少越好。以前也有人勸我：「您最好不要翻譯得太多了，也不要寫得太厚了，不然沒有人願意看。講法時也要少講一點，否則大家接受不了。」

但在我看來，佛教內容博大精深、浩如煙海，你們現在所接受的，連滄海一粟的千萬分之一都沒有，若這樣還覺得太多、太廣，那就有點不合理了。如果是世間的一些無稽之談，則盡量不要花太多時間，可是佛法對我們來講，有百利而無一害，是生生世世的解脫津梁，故串習的時間要越長越好。

其實相對而言，我平時所講的內容並不多。因為現在人工作特別忙，時間很緊張，根本無暇付出太多精力學佛，這一點我也考慮到了。在過去，漢地的清涼國師，每天講經八個小時；如今印度和美國有些大德傳法，也基本是上午四個小時，下午四個小時；還有，以前藏地有位堪布達色爾，他講課引用的教證理證相當豐富，從早上到下午一直滔滔不絕，連中午飯都不吃，最後很多弟子都受不了。而我們並沒有這樣，一方面，不

大圓滿前行廣釋（三）附大圓滿前行實修法

71

像那些高僧大德一樣，有很多教理能講得出來；另一方面，即使講得出來，也不一定有那麼多人聽。不過儘管如此，我原則上還是認為：在佛法方面，內容最好講豐富一點，時間也不要太短了。

這種觀點，也許特別忙碌的人不太贊同。但不贊同也沒辦法，倘若我們一味地隨順世人，別人生貪心你也隨順，生嗔心你也隨順，這並不是佛法中所謂的「隨順」。真正的隨順是應機施教，故大家要對佛教多學習、多了解！

上節課講了必死無疑、死期不定之理。但僅僅明白這些還不夠，我們還要了解死亡來臨時該怎麼辦？

人在臨終時，絕對有利的只有正法，它不但可免除死亡的恐懼和痛苦，而且對生生世世步入光明有著非常重大的意義。在漫長的生死輪迴中，唯一可伴隨我們的，也只有正法，其他的子女、財富、名聲、地位、榮華富貴等，死後都要統統留在人間。寂天論師亦云：「魔使來執時，親朋有何益？唯福能救護，然我未曾修。」因此，我們活著的時候，一定要修持正法，積累善根福德，不然死時會後悔莫及，薩迦班智達在《格言寶藏論》中也說：「不知死後歸何處，此時無善者可憐。」

我有時候反觀自己，雖然修過一些法，但並不像前

第三十八節課

輩大德那樣，對死後的去處很有把握。在座各位也想一想：你即生中有沒有精勤行善？假如什麼善法都沒做，就這樣離開世間了，真的很可惜。在過去，很多大乘修行人活多少年，就會修持善法多少年。而現在，不要說一般在家人，即便是比較有名的出家人，修行時間也特別少。所以，大家務必要恆時不離正知正念，盡量空出時間來修行，認識到輪迴的一切瑣事無有恆常、無有實質，時常督促自己修持正法。

記得《竅訣寶藏論》裡有個教證說：「今生瑣事死亦無完時，此起彼伏如同水波紋，死時是否有用當慎思，今起當修解脫之菩提。」我們今生所忙碌的諸般瑣事，即使到命終也不會有完結之時，一件做完，馬上又有另一件，猶如水中波紋般連綿不斷。所以，我們對此應當慎重思維，看自己兢兢業業所做的這一切，臨死時到底有沒有用？如果沒有用，那從今天開始，就應該改變方向，去修持能令自己解脫的菩提之道。

其實不說中觀、密法的甚深教義，即便是現在所講的無常之理，很多人恐怕也接受不了，更不用說去付諸實踐了。一個人若對無常觀得起來，就會覺得世間萬法無實義，唯有修行最有意義。如同以前學《山法寶鬘論》和《開啟修心門扉》時，很多人的出離心、解脫心相當強，這樣才能變成真實的修行人。否則，縱然你辦了皈依證，發了菩薩戒的戒本，但內心跟以前一模一

樣、絲毫沒有改變，那也沒有多大意義。

在這個世界上，人們特別執著的許多法，實際上沒什麼可執著的。就拿每個人最愛執的「我」來說，若以中觀推理或上師竅訣進行觀察，五蘊的暫時聚合是無常的，沒必要對其耽著不捨。

《大智度論》中有個故事說：一個人奉命出遠門辦事，晚上住在無人的破屋子裡。半夜時來了一個鬼，身上背著一具屍體。他嚇得全身發抖、毛骨悚然。不久又來了一個鬼，說那屍體是他的，罵前面那個鬼為什麼偷他東西。兩個鬼為此爭鬥起來，互不相讓。

經過一陣爭執，先來的鬼說：「我們不要爭了，這裡有個人，讓他評判屍體究竟該屬於誰。」那人聽後特別害怕，心想：「這兩個鬼的力量都很大。如果我照實說，後來的鬼一定發脾氣，加害於我，說實話就會死；假若不說實話，先來的鬼也會發脾氣，加害於我，說妄語也會死。既然都免不了一死，我為什麼要說妄語呢？」於是他回答：「這屍體是前面鬼帶來的，應該屬於他。」

後來的鬼聽了，果然大發脾氣，暴跳如雷，把他一隻手拔下來，扔在地上。先來的鬼就從屍體上取下一隻手，補回他身體上……如是這般，後來的鬼把他兩臂、兩腳、頭、脅等全身各部分都拔下來，先來的鬼就用屍體的相應部分又給他補回去。隨後，這兩個鬼共同將他

被拔下的殘肢吃掉，擦擦嘴揚長而去㉔。

事後這人再三看看自己，百思不得其解：「我母親所生的身體，已被這兩個鬼吃掉了，而現在這個身體，盡是別人的身肉，那我到底是有身還是無身？若說有，這些都是別人的；若說沒有，現在這個又是什麼？」

於是他跑到眾比丘那裡，把自己的經歷詳細講了，詢問他們：「我是有身還是無身？」諸比丘說：「身體上本來就沒有『我』，『我』只不過是五蘊假合，並非真實。」他的根基不錯，聽後豁然大悟，當下證得阿羅漢果。

所以，我們的身體若詳細觀察，跟尸陀林中的屍體並無差別，然由於無始以來的迷亂執著，每個人都把它誤認為是「我」，進而為此造業受苦，這是非常不值得的。因此，通過這樣的觀察，大家要認清五蘊不是「我」。

還有，平時的行住坐臥、所作所為，也要全部觀無常。那麼，如何在生活中觀無常呢？下面具體講幾個例子：

（一）走路

在道路上行走時，要觀想這條路是無常的，從粗大

大圓滿前行廣釋（三）附大圓滿前行實修法

㉔《大智度論》云：「後鬼大瞋，捉人手拔出著地，前鬼取死人一臂拊之即著。如是兩臂、兩腳、頭、脅、舉身皆易。於是二鬼共食所易人身，拭口而去。」但《妙法蓮華經文句》在講離婆多的公案時，說被拔掉的是「四肢」，如云：「空亭中宿，見二鬼爭屍，告其分判，設依理枉理俱不免害，故隨實而答。大鬼拔其手足，小鬼取屍補之。食竟，拭口而去。」

角度來講，它終究會被各種災害所毀，從細微角度而言，它是剎那剎那遷變的；同時，你身體也是無常的，以後不一定再路過這裡。既然如此，一舉手、一投足都要如理如法，始終以正知正念攝持自己。如《般若攝頌》云：「行住坐臥具正知，視軛木許無心亂。」

對於無常，世間人在親友病逝時，才有一點感觸，傷心以後再也見不到他了。而作為修行人，即使兩個人身體很健康，離別時也應該當成永別：「我們以後不一定能見面了，極樂世界再見吧！」時時有種無常觀，這是相當重要的。世間人或許覺得這不吉祥，但實際上並非如此，修行人之間需要一種觀無常的微妙緣起。

（二）住處

所居住的處所，從現相上講是無常的，沒有什麼可貪執的；從實相上講，就像具髻梵天對舍利子所說，釋迦牟尼佛的娑婆世界是清淨剎土，我們應當如是觀想，不能認為這是髒、亂、差的地方。很多修行不好的人，看這個世界骯髒不堪，所接觸的人也全部視為妖魔鬼怪，這樣的心態對修行極有損害。

（三）飲食

飲食受用是無常的，如果你有一些修行境界，應當享用禪定的美食。

以前，米拉日巴尊者在山中節食苦行時，許多空行母現身供養衣食，並說：「尊者啊，您在修行的時候，

如果吃一點人間的食物，穿一點衣服，同時服用一點點空行的妙食，對禪修和善行會大有幫助。這些衣食，我們會替您籌備的。」尊者回答：「世間人所有的財物和資具，是不能與修行人的覺受和證解相比的。因為我有了禪定的妙食，故世間的衣食和享受有沒有都無所謂！」

我們若有這樣的境界，當然是最好不過了；但即便沒有，飲食也要比較清淨，切莫沾染罪業的過患。我以前一直強調，每人一天三頓飯，千萬不要殺生。有些人早上吃一隻青蛙，中午吃一條毒蛇，晚上吃一隻雞，尤其是生活在海邊的人，每頓飯吃掉的眾生不是一兩隻，而是無數隻，這種人比屠夫還殘忍、比惡魔還可怕，不如早一點離開世間好。

此外，我們除了盡量吃素，每次吃飯還應供養三寶，或者行持過午不食，以清淨心來過清淨的生活。

（四）睡眠

躺臥睡眠是無常的，如果在貪心、癡心中入睡，則無實在意義，即使做夢也是一種迷亂。但若有密法生起次第和圓滿次第的境界，便可將迷亂修成光明境界；退一步說，縱然沒有這種境界，睡時也應觀想佛陀發光，遍布自己的周圍，在這樣的修法中安睡。

（五）財富

擁有的珍寶財富是無常的，故當依止聖者七財——

大圓滿前行廣釋（三）附大圓滿前行實修法

信心、持戒、多聞、布施、知慚、有愧、智慧。

世間人對有漏的財物極為重視。前段時間，有些台灣居士去一個寺院參加開光儀式，當時在場有一個藏族老鄉，我以前認識。她整個身體裝飾得金光閃閃，十個手指戴滿了金戒指，脖子上也有很多金子，一塊一塊的……那些台灣居士見了，都說她這樣做實在是浪費，平心而論，這種打扮十分俗氣，一點也不好看。

所以，水平不太高的人，認為財富是身分的象徵，把擁有高檔的衣服、轎車、房屋，當作是成功的標誌。而修行比較好、境界比較高的人，視錢財如糞土，根本不把這當回事，他們唯一重視的，只是淨戒、信心、知慚、有愧等聖財。

當然，作為修行人，所有的行為特立獨行，一點都不隨順世間，也有一定的困難。但不管怎樣，無論你在什麼情況下，都務必要重視聖者七財。

（六）親友

親朋近鄰是無常的，整天隨順他們也沒什麼意義，所以應當遠離鬧市，前往寺院或寂靜處激發出離心，到了那時，你自然而然會珍惜時間。

其實珍惜時間很重要。如果你現在不珍惜，沒有好好修習，以後不一定有這個機會。明代的一元禪師說過：「西方故國早回還，人命無常呼吸間，有限光陰當愛惜，今生蹉過出頭難。」因此，明白這個道理後，大

家要有一種出離心，覺得這個人身太難得，必須充分利用起來。有些剛剛出家的人，也許會有一點出離心，但這個需要長期保持，不然的話，一時的衝動、三分鐘的熱血並不可靠。

（七）名利

名譽地位是無常的，作為真正的修行人，沒必要去希求這些，應恆常身居低位。

現在有些人活得特別累，為了小小的地位，一直勾心鬥角、爾虞我詐，實在是沒有意義。當然，如果你有地位對眾生有利，那有一些也可以；但若對眾生毫無利益，則應像噶當派的大德一樣，內在雖有不可估量的功德，外在卻甘願默默無聞，以一個普通人的身分發心、做善事。

（八）語言

言談話語是無常的，平時說些無稽之談沒有意義，有時間的話，應督促自己念咒、誦經。

《竅訣寶藏論》中講了要斷除的六種大錯誤㉓，其中對親朋好友極力取悅，對上師三寶非常冷淡，這是一大錯誤；整日無休止地與人閒聊，卻從來不願意持誦密咒，這是一大錯誤；真正的法不去修，反而希求世間八

㉓頌云：「斷除錯誤自性之六法：不供今生來世依處師，取悅保護親友大錯誤；不誦悉地根本之咒語，永無休止閒談大錯誤；不積信等聖者之七財，積累苦源財產大錯誤；不修心性本義之實相，成辦散亂瑣事大錯誤；不調罪過禍源之我執，追求名聞利養大錯誤；不作遣無明暗之閒思，自高盲修瞎煉大錯誤。斷此錯誤趨近解脫道。」

法，這是一大錯誤……諸如此類講了很多道理。

現在有些人，僅僅念蓮師心咒一萬遍，就抱怨特別累，念一個小時頭都要裂開了；而讓他講些是是非非，尤其是說別人的過失，三四個小時還覺得短，甚至要熬夜「加班」。所以，凡夫人確實煩惱深重，做善行的話，就像爬山，一直在算時間，磕半個小時頭或念一個小時經，就累得筋疲力盡、奄奄一息；而讓他做些世間瑣事，馬上精神抖擻、活力百倍。這是非常顛倒的。因此，我們行持善法要有毅力、要精進，至於造惡業方面，務必要想方設法加以杜絕。

（九）善念

信心、出離心也是無常的，即使依靠偶爾的因緣生起，「我再也不回家了！再也不踏入紅塵了！」但過一段時間，可能就煙消雲散、無蹤無影了。因此，為了穩固自己的出離心和信心，要經常祈禱上師三寶，以堅定的誓言來攝持相續。

（十）妄念

想法妄念統統是無常的，故當具備賢善的人格。

如今尤其是學術界的人，分別尋思特別重，總覺得這個不對、那個不對，但這也是無常的，關鍵是要具足菩提心、慈悲心，擁有賢善的人格。否則，即使你再能說會道，口才無人能及，想像力特別豐富，可對自他有沒有利也很難說。

（十一）驗相

我們在修行過程中，有時晚上做一些好夢，白天顯現種種境相，看到光、看到聖尊……這些驗相和證悟相也是無常的，沒有必要太高興。

你平時生起強烈的煩惱，從來都不察覺，而稍微有一點覺受、有一點境界，就開始到處打電話：「我開悟啦！看到什麼東西了。」其實看到什麼並不重要，內心轉變才最重要。若將人身難得、壽命無常的道理，反反覆覆在心中觀修，對此真正產生定解，然後修更高的法才會事半功倍。否則，暫時的一些驗相並不穩固。

卓沃衮波上師曾說：「總之死亡無常法，自之相續若未生，密集之法亦不深；相續生起死念時，三昧之辭也高深。」的確，基礎沒有打好的話，表面上能看到明點，接受過《上師心滴》等最高的密法，也只不過是冰上建築，因為沒有觀好無常，這種境界不會長久，很容易被世間種種迷亂奪走。所以，真正要修行的人，基礎一定要打牢，這是我一而再、再而三強調的，希望你們牢記於心。

對我而言，並不是特別吝嗇，不願給你們傳密法。實際上傳密法不太難，即便是《上師心滴》的一個引導文，也可以在一個禮拜或一個月中全部講完。文字上我應該會講，但你們沒有修完加行的話，很多境界根本得不到，即使得到了，也不穩固。

大圓滿前行廣釋（三）附大圓滿前行實修法

所以，大家一定要把共同四加行、不共五加行修好，然後在此基礎上，再修一些甚深法要，這樣修行才會成功。否則，每個人的風脈明點不同，你暫時可能出現一些驗相，但這只是道位的驗相，很容易退失，故不必對此十分耽著，務必要追求果位的驗相，即達到大圓滿第四步境界——法性盡地。到了那時，你已了脫生死，就像雄鷹翔翔虛空一樣，可自在操縱死亡，死亡到來也無所畏懼，從此之後無需修行了。

　　其實，禪宗也有這種說法。不久前，我聽了來果禪師的一些開示，他再再強調光是念佛誦經，不能斷除輪迴根本，要想真正了生脫死，必須通過參「念佛是誰」，來認識心的本性。他講的與這裡基本相同，到了法性盡地時，認識了心的本性，就會像米拉日巴尊者、無垢光尊者等無數持明大德一樣，生死掌握在自己手中，根本不會害怕死亡，甚至可不捨肉體前往清淨剎土。

　　當然，作為凡夫人，我們肯定害怕死亡。聖天論師在《中觀四百論》中說過：「於此大苦海，畢竟無邊際，愚夫沉此中，云何不生畏？」米拉日巴尊者也說：「吾初畏死赴山中，數數觀修死無定，已獲無死本堅地，此時遠離死畏懼。」米拉日巴尊者最初造了很多惡業，他擔心來不及懺悔就死了，如此必定墮入惡趣，於是跑到寂靜的地方，依止瑪爾巴羅扎接受了竅訣，對壽

第三十八節課

命無常再再地串習，最終獲得無死的堅地，擺脫了對死亡的恐怖。

很多道友也是這樣，想起以前沒學佛時的惡行，自己非常害怕死亡，於是進入佛門專心致志地修行。到了一定時候，雖不敢說像前輩大德那樣獲得了成就，但至少明白，如果自己沒學佛，早晚肯定不斷造業，而今一方面不會造那麼可怕的業，再加上終身學習佛法，過著清淨的生活，死時應該有一些把握，不會特別畏懼了。

現在也有很多居士，通過學習佛法，命運和生活完全變了，這非常好！不管世人對你有何看法，作為修行人，必須要有一些改變。我們學院有很多道友，常抱怨自己業力深重、修行不好，其實跟你以前比起來，現在雖說修行不是很好，但造業不是那麼嚴重，這也是值得慶幸的。否則，假如你沒有拋棄原來的生活方式，可能每時每刻都在往地獄大步前進。有些人以前天天吃海鮮、吃活魚，潔白的牙齒上，流下一滴一滴的鮮血，他卻沒覺得自己多恐怖、多殘忍。而現在通過佛法的慈悲教育，很多人完全醒悟了，這不能不說是一個進步。

前幾天，有個人給我寫了封信，說自己學習《入行論》後，對我的感激千言萬語道不盡，就在一張大大的紙上，寫滿了感恩、感恩……其實對我倒沒什麼可感恩的，但對《入行論》這樣的大乘教言，確實要有感恩之心，因為它改變了我們的一生，這不是用財富或地位可

大圓滿前行廣釋（三）附大圓滿前行實修法

以衡量的。

　　總之，通過修持無常法，我們要像米拉日巴尊者一樣，證得無來無去的不死果位。佛陀在因地時也是如此，《涅槃經》中記載：往昔，佛曾示現為一外道婆羅門，在雪山中修菩薩行。當時無佛出世，也無有教法。帝釋天為了試他的道心，化現為極其恐怖的羅剎形象，來到他面前宣說半偈法：「諸行無常，是生滅法。」菩薩聽後，覺得此半偈為三世諸佛的正道，於是懇請他講完後面部分。羅剎不肯，要求他除非以血肉作供養。菩薩欣然答應了，於是羅剎宣說後半偈：「生滅滅已，寂滅為樂。」

　　得到法之後，菩薩歡喜異常，遂於石壁、樹木上，處處書寫：「諸行無常，是生滅法，生滅滅已，寂滅為樂。」（這是一切諸法的根本。有些道友常在經堂柱子上貼很多「止語」，其實這倒不用，你要貼的話，應該貼這個偈頌。）後為兌現自己的諾言，他攀上高樹，縱身跳下。此時虛空中傳出美妙音聲，帝釋天恢復身相，接住菩薩，對其懺悔、頂禮、讚歎後返回天上㉖。在《釋尊廣傳》和其他本師傳中，也講過這個公案。可見，無常法是真正的解脫之門，為了聽聞此法，付出一切也值得。

　　關於修持無常，塔波仁波切從三個層次教誡我們：

第
三
十
八
節
課

㉖以此為半偈法捨身之因緣，釋迦佛迅速圓滿十二劫資糧，較彌勒菩薩提前成就無上佛果。

「開始的時候，害怕生死所追，務必像鹿子逃出籠子一樣義無反顧；中間的時候，務必像農夫辛勤耕耘田地那樣，做到死而無憾；到了最後，要像大功告成的人一樣，做到心安理得。」

意思是說，修無常的過程中，最初要像野獸逃離獵人的籠子一樣不會回頭。有些人剛生起無常觀時，什麼都不管了，非要出家學佛，別人怎麼勸也勸不住，母親昏倒也好，父親恐嚇也好，無論家裡發生什麼事，都動搖不了他的決心。這是很好的，如果沒有這樣的出離心，則無法從世間瑣事中解脫出來。

中間的時候，要像農民耕地一樣勤勤懇懇，最終獲得一定的把握，就算死也沒有遺憾了。

到了最後，一切修行皆已成辦，自己心安理得。就像上師如意寶在《快樂之歌》中所說：「死也快樂，活也快樂，一切都快樂。」貝若扎那在擦瓦絨時有一個《滿足快樂之歌》，其中也講了很多這方面的教言。不過，世間人的快樂與修行人的大不相同，我看過一本書叫《我就是快樂的人》，裡面的很多快樂，似乎沒有多大意義，它不是修行上的快樂，更不是生死自在的大樂。

塔波仁波切還說：「最初的時候，務必要像箭中人的要害一樣，認識到沒有空閒；中期階段，要像死了獨子的母親一樣，專心致志地修行；最終要了達無所作

大圓滿前行廣釋（三）附大圓滿前行實修法

為，如敵趕走牧童牛。」

意即修無常的時候，最初應像箭射中自己的要害，其他事情再重要也全部放棄，抓緊時間去搶救。同樣，剛生起無常觀時，除了修法以外，對什麼都不關心，一切都不可能阻攔你。

中間的時候，應像母親死了獨生子一樣，日日夜夜想著他、念著他，對於別的事物，根本提不起任何興趣。

到了最後，證得無作無行的究竟果位，此時對一切萬法明明了了，但卻無法用語言形容，就像牧童的牛都被怨敵趕走了，一時愣在那裡，不知所措。當然，這種證悟境界，並不像牧童被趕走牛那樣特別傷心，此處主要是從不可言說、無有可作的角度說明的。

在未生起以上如是定解之前，我們務必要唯一觀修死亡無常。普穹瓦格西說：「晨不念死，則晝空過；晚不念死，則夜空過。」香怎耶巴說：「上午若沒生起無常之念，中午貪圖今世的念頭就會抬頭；中午若沒生起無常之念，晚上就會被貪圖今世的念頭所俘虜。」漢地寺院上晚課時，也有一句：「是日已過，命亦隨減，如少水魚，斯有何樂？」因此，我們應時時以無常觀督促自己，通過各種教證、公案來觀修無常，若能如此，久而久之，生起無常觀也並不難。

佛陀曾這樣讚歎觀修無常：「多修無常，已供諸

第三十八節課

86

佛；多修無常，得佛安慰；多修無常，得佛授記；多修無常，得佛加持。如眾跡中，象跡為最，佛教之內，所有修行，觀修無常，堪為之最。」《涅槃經》中也說：「一切眾生跡中，象跡為上，是無常想亦復如是，於諸想中最為第一。」在一切眾生的腳印中，大象的腳印最好，為什麼呢？有些上師解釋說它圓圓的，特別莊嚴，而其他動物的腳印不完整；也有上師說大象走路極具智慧，能繞開一切險處，唯一選擇安穩之道，若遵行大象足跡，則可避免任何損害，故大象的腳印最為第一。同樣，在一切思維觀想中，觀無常是最殊勝的。

有些人平時分別念特別重，總喜歡胡思亂想，一會兒想這個、一會兒想那個，老是安住不下來，非常苦惱。其實你若實在喜歡想，那最好想無常：山是無常的，河是無常的，我是無常的，你是無常的……最終我也會死，你也會死，除此之外，再沒有更殊勝的教言了。印光大師當年在他的佛堂裡，就供一尊阿彌陀佛像，佛像後面貼一個大大的「死」字。其實想到自己要死了，還有什麼放不下？哪樣東西能帶得去？所以，很多大德對修死亡無常特別重視，這也是他們修行得力的秘訣。

又《毗奈耶經》中說：「對我眷屬中如妙瓶般的舍利子、目犍連等百名比丘供齋供物，不如剎那念有為法無常更勝。」在釋迦牟尼佛教法中，舍利子和目犍連如

妙瓶一般，戒律清淨、修行超群、神通無礙、智慧高深，對像這樣的一百位比丘供養各種飲食衣物，功德肯定非常大。（不說像舍利子，即便是對一百位普通比丘供齋，功德也不可思議。）但如果你一刹那間憶念無常，這個功德較前者更大。

其實，一刹那間憶念無常，是很容易的，希望各位要經常觀修，這不僅是一種修行基礎，而且功德也特別大。即使你的分別念再厲害，觀想一刹那應該沒問題，你就想：「一切都是無常的，世界上沒有一人不死，不知我什麼時候會死？」通過理論來觀察也可以，依靠竅訣來觀修也可以，只要好好思維無常，每天堅持這樣串習，那麼修行境界必定會圓滿。

過去很多高僧大德，在每次修行之前，都會觀一座無常法，就像修上師瑜伽一樣。其實這些竅訣很甚深，大家對此要引起重視。今年我覺得很高興，因為漢地許多道友以前連基本的法都不懂，不知道哪些法最深、哪些法最淺，通過這次給大家講了，相信很多人能從中受益。當然，我能做的，也只是把道理告訴你們，至於修不修，則是你們的事，我不可能抓著你們的胸口，一個一個逼著修。釋迦牟尼佛也說：「吾為汝說解脫之方便，當知解脫依賴於自己。」但是有心的人，應該明白這個法珍貴無比、來之不易。佛教的道理跟其他道理不同，有智慧的人可以接受，沒有智慧的人也可以接受。

就像這部《前行》，大學生、博士生有信心的話，誰都會覺得這無懈可擊；而從來沒讀過書的文盲，也不會認為萬法無常不合理。所以，通過這次的學習，希望每個人都能得到一些利益。

尤其是觀修無常，平時必須要經常串習。宋朝有個人叫吳信叟，博學多才，一心向佛，他雖在朝廷身居高位，但深知諸法無常之理，從不貪慕榮華富貴。他日日夜夜都觀修無常，並請人做了一口棺木，晚上就睡在裡面。每到天亮時，要求家僕一邊敲擊棺木，一邊唱道：「吳信叟，歸去來！三界無安不可住，西方淨土有蓮胎，歸去來！」他一聽這個聲音，馬上就起來念佛。後有一天，他在念佛的時候，家人聽到天樂鳴空，他告訴大家：「金台已到，我也該走了！」說完即安然往生。

在家裡修一個棺材，世人會覺得這不吉祥，但對修行人而言，卻是觀修無常的不共方便。以前博朵瓦尊者捎給奔公甲格西一塊氆氌，說他的行裝過於簡陋，這氆氌可作他死後裹屍之用。若是換成世間人，聽了這話必定勃然大怒，因為他們喜歡聽的，多是「長命百歲」、「益壽延年」，如果有人送禮時說：「這禮物是給你裹屍體用的。」他肯定把送禮者棒打出門。但我們修行人，還是應依照噶當派的竅訣來修無常，若能如此，不管你口頭上會不會說，但實際行為中，面對生老病死時都不會害怕，不像世間人那樣特別可憐。

第三十八節課

第三十九節課

　　觀無常在修行過程中十分重要，若沒有它，修什麼甚深廣大的法都不能善始善終。這並不是個別人隨便講的，而是古往今來高僧大德們的親身體驗。鑒於此，我特別強調大家修加行，否則，即使上師傳一些高深的密法，你通過各種途徑也能得到，但與自相續不一定相應。就像造一個建築、起一棟房子，必須先打好基礎，修行也是同樣如此，基礎沒有打好的話，就算暫時得到一點覺受、驗相，也不會穩固的。

　　短暫的人生中，大家若想修有所成，首先要找到最關鍵的要訣。如同屠夫殺動物時，必須先找到命根所在一樣，我們作為修行人，務必要依止有經驗的大德，並遵循他所講的教言。為什麼呢？因為真正的高僧大德對弟眾非常慈愛，猶如母親對待孩子般，會將畢生中最有意義的教言傳給他，以令其獲得暫時、究竟的利益。那麼，最有意義的教言是什麼？就是修行不能從最高境界慢慢下來，必須從基礎一步一步次第上去。因此，我們打好基礎特別重要。

　　而在一切基礎法中，觀修無常尤為關鍵，如果沒有它，修什麼法都不會成功。《菩薩瓔珞經》云：「人不計無常，貪著三界榮，如風吹落葉，流轉隨所趣。」我們若沒有好好觀修無常，必定貪戀三界的榮華富貴，這樣結果

大圓滿前行廣釋（三）附大圓滿前行實修法

會如何呢？就像被秋風吹動的落葉飄無定所一樣，隨業力之風流轉於六道輪迴中，感受各種各樣的痛苦。

然而，現在有些世間人，並不知道自己的身體、受用、地位、財產像水泡一樣，沒有任何實質，還在一味地盲目貪執，成天追求吃喝玩樂，覺得這種生活極為快樂。其實若真正懂得三界輪迴的本性，明白死亡無常的道理，則絕對不會如此安閒。寂天論師也說：「若思今不死，安逸此非理。」如果認為自己今天不會死，從而放逸度日，不勵力修行，這是不合理的。

現在講的這些無常之理，我因為修行境界有限，不可能把最甚深的精髓表達出來，但只要你們再三閱讀前輩大德的金剛教言，反反覆覆地看、反反覆覆地思維，最終一定會得到利益。反之，假如你名義上是「修行人」，實際上對無常一點都沒觀修過，那也不叫真正的修行人。因此，每個人在修行中到底扮演什麼樣的角色，是名副其實還是虛有其表？大家應該再三觀察。

今天繼續講下面的內容：

一位居士曾問博朵瓦格西：「如果想專門修行一法，修什麼法最為重要？」

現在也有很多人提倡專修一法，其他什麼都不用修，那最好是修什麼法呢？有人可能回答念阿彌陀佛，有人說要修禪宗以明心見性，有人覺得修光明大圓滿最

好，有人堅持鑽研因明極有必要……世間上有許許多多說法，每個人也喜歡不同的竅訣，但博朵瓦格西是如何回答的呢？

格西答道：「如果想專修一法，無常最為重要。為什麼這樣講呢？倘若修行死亡無常，首先可作為進入佛法之因，中間可作為勤修善法之緣，最後作為證悟諸法等性之助伴。」

（一）最初：一個人若無常修得好，首先可以趨入佛法。現在很多人之所以不願意學習、修行，就是無常沒有修好，總以為還有大把的光陰可以揮霍，根本沒有絲毫緊迫感。倘若明白死亡無常之理，就會覺得來不及了，很快的時間便會去修行。

記得《釋尊廣傳》中講過：釋迦牟尼佛在因地時，轉生為一名叫牛圈生的婆羅門，智慧超群、能力出眾，國王大大小小的事都仰賴他。後來，他厭倦紅塵準備出家，就跟七位國王說：「我打算出家修行，你們日後有何打算？」國王們異口同聲答道：「如果上師能等七年，待我們兒子長大後，將王位交予他們，那時我們定隨上師一同出家。」

牛圈生感慨地說：「七年時間太漫長，貪欲很容易就能生起，受用也輕易能令人陶醉，而壽命卻朝不保夕。所以，我七年後能否出家很難斷言，故一定要先行出家。」

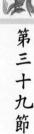

眾人一看上師不答應，於是就開始從六年講起，五年、四年……七個月、七天，如此一路縮減下來，但牛圈生始終不同意。（就像我們這裡的好多人，剛來學院便急著出家，但我一直強調必須要等四個月。不過他們今天學了無常之後，是不是可以用這個理由來反駁我？到時候我該怎麼回答呢？得再好好想一想。）到了最後，這些國王當天也隨他一起出家了。

因此，行持善法一決定下來，最好不要再拖，否則很可能出現違緣。常聽有些道友說：「我先要回去處理一些事，掙一點錢，跟單位安排一下，兩年後再到這裡出家。」結果他回去之後，出離心慢慢就沒有了，周圍的人勸他不要學佛、不要出家，他也開始隨順他們，原來的壯志豪情逐漸蕩然無存了。所以，要造惡業的話，我們應該盡量拖延，明日復明日地一直拖下去；但若是行持善法，則應以最快的速度去行持。

（二）中間：倘若無常修得好，這會成為勤修善法的助緣，不管是想修慈悲心、菩提心、皈依、禪宗境界，馬上就會修，不會拖拖拉拉。有些人對無常觀得不錯，每年都會抽出時間閉關，每天功課也安排得很滿，從不輕易浪費時間。其實一個人修行好不好，關鍵在於相續中有沒有無常觀。如果有的話，早上肯定會起得早，晚上也不會天沒黑就倒下去，在中間的修行過程中必定很精進。

第三十九節課

（三）最後：修了無常之後，最初入佛門很懇切，中間修行特別精勤，最終證悟法性也不會有困難。所以，看看歷史上的高僧大德，他們並不是無緣無故就開悟了，還是有一定的因緣和精進。

博朵瓦格西又云：「倘若修行無常，最初可作為斷除此生繩索之因，中間可作為捨棄貪諸輪迴之緣，最後可作為趣入涅槃聖道的助伴。」

（一）最初：修了無常，首先會斷除對今生的貪執。如果沒有觀無常，不要說長期，就算短短幾天，也會對親友家眷放不下，地位財產、名聞利養捨不掉，認為這些至關重要。

（二）中間：修了無常，就不會希求輪迴的安樂，不願轉生到天界去，只會一心一意地希求解脫。

（三）最後：修了無常，趣入解脫一點問題都沒有。因為你懂得一切皆是無常，無常皆是痛苦，而解決痛苦的唯一方法，就是依止菩提妙道，獲得無上涅槃，故必定會為此而努力。《中阿含經》也說：「如是諸行不當樂著，當患厭之，當求捨離，當求解脫。」意思是，對世間一切無常諸法，不應該去希求耽著，我們要了知它的本質，對其產生厭惡心而捨棄，唯一追求解脫之道。

不管是過去的高僧大德，還是現在有些老修行人，正因為心裡有無常觀，覺得人生很短暫，為了積累更多

大圓滿前行廣釋（三）附大圓滿前行實修法

的善法資糧，他們每天都起得特別早，一生中不斷地修行，從不放逸。在座很多道友，平時修行也非常不錯，不像有些人那樣懶惰懈怠。之所以能做到這一點，不僅與自己前世的善根習氣有關，與今生觀修無常也有密切聯繫。如果你無常觀得好，不可能隨便浪費時間，當天的事定會當天完成，該修的法絕不會一拖再拖。反之，假如你沒修過死亡無常，一輩子懵懵懂懂地過日子，很可能會造下許多惡業。

前段時間，有些老年人感慨萬分地說：「我們學佛太晚了，什麼道理都記不住。如果年輕時就覺悟過來，那該多好啊！」確實，他們說得很有道理，故我們應勸年輕人盡量學佛，他們若能早點醒悟，知道輪迴的真相，肯定會認真修行，這樣到了老年時，心裡也有一定把握。否則，等人生都過一半了，才開始接觸佛法，想想以前所造下的無數惡業，勢必會後悔莫及。誠如《入行論》所云：「放逸我未知，死亡如是怖，故為無常身，親造諸多罪。」

那天我看了一下菩提學會的學員年齡，百分之七八十都是中老年人，年輕人幾乎沒有。年輕人總是忙於工作、家庭、名聲、感情，認為這些是最重要的，根本不明白人活著是為什麼。直到自己學佛或出家後，回顧以往的經歷，才會突然如夢初醒，知道那個時候特別迷茫，所追求的無有任何意義。因此，大家一定要找準

第三十九節課

人生目標，在學佛的過程中，務必要好好觀無常。

博朵瓦格西還說：「觀修無常，最初可作為生起信心之因，中間可作為精進之緣，最後可作為生起智慧的助伴。」

（一）最初：剛開始因為修無常，了知一切皆無實義，臨死時唯有上師三寶能救護自己，因而對其產生無比的信心。

（二）中間：為了獲得解脫，特別精進地修持正法。

（三）最後：通過這樣的努力，在相續中定可生起無我的智慧，或是禪宗明心見性的境界。

博朵瓦格西還說：「如果觀修無常，並且能在相續中真正生起的人，起初可成為求法之因，中間可作為修法之緣，最後作為證悟法性的助伴。」

（一）最初：如果生起無常觀，不可能天天耽執世間瑣事，必定會拋棄一切，前往寂靜地方依止善知識，認真求法。

（二）中間：不斷精進修行。

（三）最後：必定獲得證悟。

就像現在城市裡的居士學佛，有些完全是一種表面形象，只是報個名、領個法本而已；有些則學得特別好，最初聞思的意樂很強烈，中間每個步驟、每個要求都認認真真去執行，最終雖不敢說大徹大悟，但對佛法

大圓滿前行廣釋（三）附大圓滿前行實修法

還是有一定認識——原來對無常一點都不了解，而現在徹底明白萬法是剎那變化的，沒有什麼實質可言。能了知這一點，也是一種開悟。有些人總以為，所謂開悟必須要超凡入聖，但這對一般人來講，有點不太現實。實際上，只要你明白以前不明白的道理、知道以前不知道的功德，也算是一種「開悟」，只不過是個小開悟罷了。

博朵瓦格西還說：「倘若修行無常，並且能在相續中生起無常觀，則初始可作為擐甲精進之因，中間可作為加行精進之緣，最終可成為無退精進的助伴。」

（一）最初：懂得諸法皆為無常之後，就像戰士入沙場前先要披上盔甲一樣，自己定會披上精進的盔甲，發誓從今以後一定要好好修行。

（二）中間：在實際行動中，必定會真正去行持，而不只是口頭上說說。

（三）最後：這種精進永不退轉，不像有些人那樣，開心就去做做，不開心就完全放棄，因自己的心情、忙碌而改變。

因此，這三種精進都依靠修無常而得到。

綜上所述，博朵瓦格西簡明扼要地宣說了觀修無常的重要性。如果我們真的生起無常觀，許多修行境界自然而然會獲得。

帕單巴尊者也曾說：「如果相續中生起了無常觀，最開始可作為步入正法的因，中間可作為精進的鞭子，最終也能獲得光明法身。」

（一）最初：如果自己生起了無常觀，最開始可以步入佛門。有些道友也經常說：「我如今之所以能在學院出家，是因為當初發生了一些無常……」

有些人喜歡口口聲聲說無常，開始時是覺得比較好玩，但慢慢思維之後，發現事實的確如此，裡裡外外的事無一不是無常。於是產生了一種緊迫感，覺得人生不能白白浪費，為選擇今後的道路，自己通過不同的因緣來到學院，在這裡長期聞思修行，一待就是十幾年——學院很多道友出家學佛，都有這個緣起。所以，無常最初是趨入正法之因。

（二）中間：一個人沒有無常觀的話，天天都會懈怠散亂，而一旦觀修過無常，就像有條鞭子在抽打自己一樣，修行始終不敢放鬆下來。

（三）最後：通過修持無常，很快就能獲得光明法身。記得以前有個國王，他最寵愛的王妃被判定只有7天壽命，無奈之下，國王只好將其交給一位女阿羅漢。女阿羅漢讓王妃剃髮出家，並囑咐其觀修無常。7天之後，王妃果然離開了人間，但因無常法的加持力，她轉生於天界。後以天人的身分，來到釋迦牟尼佛面前聆聽正法，最終現見了真諦。可見，無常法只要在耳邊聽到，

大圓滿前行廣釋（三）附大圓滿前行實修法

然後對其進行思維，就可以斷除輪迴的根本，獲得真正的解脫。

反之，倘若你沒生起不加改造的無常觀，僅僅在表面上求求法、修修法，則只能成為佛教油子㉗的因。何為「不加改造」呢？法師給你講無常的時候，你覺得對對對，下課後看器世界、有情世界也都是無常的，這是一種勤作觀修的無常觀。而你什麼時候自然覺得一切都是無常，地位也好、財富也好、別人的評論也好，均無實在意義，對這個虛幻的世界不會貪執，就像大圓滿的修行人一樣，境界中是愣然、明然、恍恍惚惚的感覺，這才對無常之理有了一定體悟，生起了「不加改造」的無常觀。

有些人對世間的貪執特別可怕，得不到夢寐以求的地位、朝思暮想的感情，就萬分痛苦、生不如死，這個原因是什麼呢？就是沒有觀修過無常。曾有一則公案說㉘：有個國王（嘎那日巴）和一個王妃感情特別好，多年來二人兩情纏綣，難捨難分。一天國王突發奇想，想考驗王妃對自己的感情有多深，就讓僕人謊稱國王被老虎吃掉了，自己則躲在王宮的花園裡，觀察王妃的反應。王妃聽到這個消息後，五臟俱焚、傷心過度，當下氣絕身亡。

㉗佛教油子：入佛門聞法修法越多，其相續越難調化，終成與佛法背道而馳之人。
㉘詳見《顯密寶庫18—聖行集萃》之《密宗大成就者奇傳》。

國王特別後悔，把王妃的屍體背到尸陀林，終日守護在旁邊，寸步不離，一邊痛哭一邊深情呼喚王妃的名字——瓦邦嘎娜。屍體慢慢腐爛成白骨，白骨又漸漸地風化，但他始終沒有離開。就這樣，他在尸陀林裡過了十二年（也有說是八年）。

後來有位上師想救度他，就拿一個瓦罐去了尸陀林，到他附近故意兩手一鬆，瓦罐掉在地上，摔成了一堆碎片。上師裝作傷心欲絕的樣子，一邊哭喊一邊叫著「瓦罐」的名字。

國王見後忍無可忍，暫時停止了對王妃的思念和呼喚，過去勸他：「你這個人真的很笨！瓦罐破了，值得這麼傷心嗎？難道它會永遠不碎？你再找一個瓦罐不就完了。」

上師反過來說：「你這個人比我更笨！我的瓦罐碎了，至少還有碎片，你的王妃現在連微塵也不見了，你還在這裡痛苦不堪。」

國王如夢初醒，頓然明白一切都是無常的，進而對上師生起信心，請求他攝受自己。後在上師的調化下，他完全證悟了心的本性，成為了不起的大成就者。

因此，你們以後若見有人離婚了、失戀了，也應拿個罐子在他面前摔碎，然後假裝失聲痛哭……這是一個竅訣啊，可能會起點作用！（眾笑）不過有些人的根基不同，道理上就算給他講明白了，他心裡仍然十分痛苦，

大圓滿前行廣釋（三）附大圓滿前行實修法

我們實在是愛莫能助。但不管怎樣，修無常確實是甚深的法門，倘若沒有這個基礎，表面上的修行起不到任何作用，只有真正具備了無常觀，修什麼法才會很容易。

帕單巴尊者又說：「在西藏的修行人中，沒看見一人有死亡的念頭，也沒發現一人遺留在世。身著僧衣的人累積財產，難道是要供養閻羅王嗎？收藏一切奇珍異寶，難道企圖暗地裡賄賂閻羅卒不成？目睹這些西藏修行人，會讓人禁不住仰天哈哈大笑！」

尊者把藏人說得比較差勁。據歷史記載，他在藏地時，西藏約有1000萬人，這麼多的人當中，竟連一個修行好的都沒有。不過，他後來見米拉日巴尊者時說：「西藏的修行人中，達到無所求、無作、無修的就數你了，除此之外一個也沒有。」因此，可能他說那話時，還沒遇到米拉日巴尊者吧。

尊者來過藏地五次，當時佛教比較興盛，噶當派、寧瑪派的很多大德都在山裡修行，那時候的西藏人，我覺得還是不錯，起碼比現在強多了。他之所以那樣講，或許是針對大多數人，呵斥他們無常修得不好，沒有一人想過死亡無常。

尊者看西藏人不好，有時候我看漢族人這邊，確實也有一些想法：好多念佛的人似乎都在執著名相，從來不想從三界輪迴中獲得解脫，只是把極樂世界當作天堂，一心追求的無非是生活快樂；好多坐禪的人也沒想

過救度無量眾生、為眾生而成佛，只是覺得坐禪很舒服，雜念一下子就消失了。如今不管是寺院的出家人，還是世間上的修行人，都有些不太合理的現象——我常有這種感覺，但是不敢講。

帕單巴尊者還說：「誰具廣聞我慢高，修行好者積財寶，誰依靜處多散亂，誰離故鄉無羞愧，彼為形象修法者。彼等喜愛造惡業，雖已見到他人死，然卻不知自將亡，此等一切諸過患，皆由未修無常致。」

看看如今的修行人，有些雖然廣聞博學，學問超群，可是傲慢心非常重；有些自稱為修行好的捨事者，是了不起的大成就者、大上師，但積累財產比一般人還厲害；有些雖然依止寂靜地方閉關，卻想盡一切辦法召集很多人，或者天天聽錄音機，特別特別散亂；有些離開故鄉之後，由於別人都不認識自己，故做事肆無忌憚，毫無慚愧之心。具有以上弊病的人，都是形象修行者。這些人喜愛造惡業，儘管天天見別人死亡，卻從未想過很快就會輪到自己。這一切的過患，皆源於沒有觀修無常所致。

所以，不論是出家人、在家人，無常沒有修好的話，不可能成為真正的修行人；倘若無常觀得好，修什麼法都會很成功。尤其是大悲心也依靠觀無常而生，若能明白《入中論》中所說的眾生猶如「動水月」，剎那剎那都在無常變遷，離不開痛苦的本性，大悲心自然而

然就會生起。聖天論師亦云：「故說凡無常，一切皆是苦。」但凡具無常性的法，肯定是痛苦的本質，沒有什麼快樂可言。有些人找到稱心的工作、擁有美滿的家庭，就自認是天底下最快樂的人，其實快樂的背後往往隱藏著痛苦，今天的笑聲，也許會變成明天的哭聲，貪執這些又有什麼用呢？根本沒有實在意義。

　　修了無常以後，就算你從來不學佛，也可找到正確的人生目標。記得索甲仁波切在《西藏生死書》中寫到：1976年，有位美國婦女去紐約拜見第二世敦珠法王。她原本對佛教並不熱衷，只因自己病得很嚴重，絕望之餘，什麼事情都去嘗試，甚至想看看一位西藏上師。當時索甲仁波切擔任她的翻譯。她走入房間，見到法王很慈悲、親切，感動得掉下了眼淚（許多居士常說，自己一見穿紅衣服的出家人，就覺得很親切，這些我不太相信。可能是他以前見到的人都有頭髮，現在突然看見一個沒頭髮的，就感覺很可愛吧），衝口而出說：「我只能再活幾個月了，您能幫助我嗎？我快要死了。」

　　出乎她的意料，法王溫和而慈悲地笑了起來，平靜地告訴她：「不僅是你，我們大家都正在等死，只不過是遲早而已。」聽了這幾句話，她的焦慮當下消失。於是她皈依了佛門，在法王面前接受一些面對死亡的竅訣，明白死亡中存有解脫的希望。最後，她不僅接受了死亡，而且因為全心全力投入修行，奇蹟般地獲得了痊癒。

第三十九節課

索甲仁波切說，諸如此類的例子，他聽過許多許多。有些人到了絕症晚期，只剩下幾個月可活，但當他們閉靜潛修，真正面對死亡時，竟然治癒了。這告訴我們什麼？接受死亡無常能改變一個人的人生態度，發現生死之間的微妙關係，如此一來，很可能產生戲劇化的治療效果。

總而言之，觀修無常能開啟一切修行之門。不管是世間人還是修行人，修持無常都不可缺少。當然，這種修持不能只停在表面上，務必要依照這些文字去實地行持。

一位居士曾向博朵瓦格西請教消除惡緣的竅訣，格西回答說：「你應當屢屢思維死無常，如果生起必定死亡的唯一觀念，那麼淨除罪業無有困難，奉行善法也無有困難。如若在此基礎上，你能常常修持並在相續中生起慈悲心，那利益有情也不是難事。倘若在此基礎上，再多多修行諸法實相空性，而且在相續中已經生起，到那時清淨迷亂也不會有困難。」

這個教證十分重要，大家一定要切記！我以前講《大圓滿前行》時，曾要求你們把這個教證和下面如來芽尊者的教證背下來。

意思是說，我們修行分為幾個步驟，第一步：若再三思維死亡無常，真正生起無有改造的無常觀，則斷除罪業、行持善法沒有絲毫困難。現在很多人連一百天的觀修都很費力，念一百萬心咒也不行，修五十萬加行更

大圓滿前行廣釋（三）附大圓滿前行實修法

難如登天，這是為什麼呢？就是無常修得不好。如果你無常修得好，行持善法一點困難都沒有，遣除惡業也會易如反掌。

第二步：在修無常的基礎上，若常常觀修眾生沉溺在輪迴中，非常可憐，從而生起無偽的慈悲心，那麼利益有情也不會困難。有些上師悲心特別切，身體再不好、心情再怎麼樣，也阻擋不了他的利生事業。在悲心的引發下，他把利益眾生完全當成自己的事，就像母親給孩子做事任勞任怨一樣，他為眾生操勞也從來不覺得累。反之，有些人相續中若沒有悲心，幹一點點事，也會跟你討價還價：「哎呀，這給我多少錢哪？不行不行，太少了！」

第三步：在修悲心的基礎上，若再不斷修持諸法實相，抉擇一切都是空性、無我，那很容易斬斷對萬事萬物的迷亂執著，生起密法中本來清淨的殊勝境界。

因此，觀修無常、悲心、空性這三者，是博朵瓦格西給我們留下的教言。但這些一定要有次第，否則，你先受密法灌頂而修空性，然後再觀悲心、修無常，這樣次第就不對了。所以大家應該注意：必須要從無常開始修起。

如果你真正生起了無常觀，則定能像嘔吐症患者不願吃油膩食物一樣，徹底捨棄對財物、名聲等今生世間的一切貪執。如來芽尊者不止一次說過：「我無論看見

第三十九節課

世間如何高貴、如何權威、如何富裕、如何俊美之人，也不會生起剎那羨慕之心，而唯一注重前輩大德的事蹟。這是為什麼呢？就是因為自己生起了少許無常觀的緣故。因此，我除了無常以外，再沒有更殊勝的教言傳授給別人了。」

這些大德的教言相當珍貴，大家一定要記住，並盡量對照自己：「我是不是這樣的？會不會見到別人有一棟好房子、開一輛好車、當了局長或縣長，就羨慕得不得了，想方設法去追求這些？」如果無常修到了一定境界，你必定會淡泊名利，正如世人所說「寵辱不驚」、「去留無意」，對一切都不會特別貪著。

那麼，對無常生起定解的界限是怎樣的呢？

應像喀喇共穹格西那樣。格西在後藏的覺摩喀喇山修行時，岩洞口有一荊棘叢，常掛到他的衣服。開始他想砍除，但轉念一想：「唉，我也許會死在此山洞中，不知是否再有出去的機會，還是將修行妙法放在首位吧。」當他再次出洞時，又想「不知道能否再返回這個山洞」，於是一直沒有砍荊棘叢。就這樣，他連續在這個洞裡修行了多年，最後已經獲得了成就，可依然沒有砍除荊棘叢。

（表面上看，這是一個普通的故事，可裡面有非常甚深的竅訣。我們有些道友不是這樣，在寂靜的山溝裡，一定要修富麗堂皇

的房子。今天我就看到幾間，覺得他們無常觀得真不錯，若被喀喇共穿格西見到了，肯定很「隨喜」他！）

還有一個修無常觀的表率，那就是持明無畏洲尊者，亦即智悲光尊者。尊者有個秋季七月沐浴的水池，沒有階梯，進入時很困難。弟子問：「是否需要在此修一階梯？」他拒絕道：「不知道明年還有沒有機會在這裡沐浴，何必那麼費事呢？」他一直不讓，並常常教誡弟子修無常法。

現在有很多修行人，對於修行一拖再拖，做其他瑣事則快馬加鞭；而前輩大德們與此恰恰相反，他們無論在什麼情況下，都將修行擺在第一位，其他事情可以慢慢來。不然的話，「明日復明日，明日何其多？我生待明日，萬事成蹉跎。」修行若一直往後拖，今天該念的經推到明天，但明天還有明天的事，不行又推到後天再念……這樣下去的話，最終什麼法也修不成。

所以，我們應當珍惜眼前的時光，正如陶淵明在詩中所言：「盛年不重來，一日難再晨，及時當勉勵，歲月不待人。」在沒生起不加改造的無常觀之前，大家一定要在加行發心、正行觀修時，千方百計調整自心。很多人總是問我：「這個無常法要修多少天？」其實此處已講得很清楚了，你相續中沒有生起這種定解之前，不管是一百天、兩百天，還是三年、五年，都要一直修下去。這樣到了最後，你才會明白一切都沒有實義，只有

修法最有意義。

　　當然，我們修的時候，必須要具足三殊勝：首先為了眾生發菩提心，閉著眼好好祈禱諸佛菩薩、空行護法，加持自己一定要生起無常觀；然後通過理論也好、實修也好，用各種方法調整心態觀無常；最終生起無常觀之後，要將此善根迴向一切眾生。總之，務必要追循聖者前輩的足跡，盡心盡力、勤奮努力地修持。

　　下面是本品的總結文：

　　無常現前反而執常有，老年到來反而以為幼，

　　我與如我邪念諸有情，相續生起無常祈加持。華智仁波切謙虛地說：無常明明就在眼

　　前，不管是周圍的萬事萬物，還是自己的身體壽命，皆為示現無常的善知識，但我卻反而把這些執為常有；老年明明已經到來，可我還以為自己特別年輕。對於我和像我這般迷惑的眾生，祈願諸佛菩薩加持，一定要生起無常觀。

　　有了無常觀的話，修什麼法都很容易，不用上師拿教鞭天天管著你，也不用管家時時刻刻盯著你，你自然而然就會想修行。即使上師不讓你修，你也會想方設法請上師開許：「我馬上就要修啊，不然來不及了！人生太短暫，無常瞬間便會降臨，您可否開許我每天修一個小時……」因此，真正的修行人，對無常法十分重視。

大圓滿前行廣釋（三）附大圓滿前行實修法

祈禱上師法王如意寶：

自大聖境五台山，文殊加持入心間，

祈禱晉美彭措足，證悟意傳求加持。

祈禱遍智無垢光尊者：

托嘎雪山寶藏頸，圓諸功德喜樂園，

二義精藏瑜伽士，祈禱龍欽繞降賢。

祈禱全知麥彭仁波切：

心顯文殊師利智，勤學普賢行願義，

持佛佛子事業者，祈禱文殊上師足。

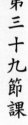

祈願上師身口意之殊勝加持，無餘融入我等弟子之相續，以成辦弘揚佛法、利益眾生的廣大事業！

祈願每個眾生均能生起無常觀！

祈願每個眾生均能生起無常觀！

祈願每個眾生均能生起無常觀！

【壽命無常之引導終】

第三十九節課

第四十節課

今天開始講「共同加行」的第三個引導文：

三、輪迴過患

這個修法也很重要，希望大家在學習過程中，一定要認真聽受。接下來過後，該輔導、該預習、該修學的，應該精勤地對待。

表面上看來，加行中的「人身難得」、「壽命無常」、「輪迴過患」等修法比較簡單，可實際上真正修起來時，比其他有些修行還要難。比如說，修風脈明點、觀本尊、念咒語，心相對而言容易集中，但這裡的修行範圍比較廣，內容也很深奧，以致許多人剛開始修時，根本沒辦法入手，心也無法靜下來找到感覺。當然，這也是我們行持善法的種子比較薄弱所致，但不管怎樣，在修加行的道路上，千萬不能中途夭折，否則，這些法如果沒有修成功，除了極個別利根者以外，一般人很難修成其他的法。

所以，這次我特意安排了較長時間給你們傳講。或許有人認為：「這個時間太長了，沒有必要！」可是我經過再三考慮，覺得大家若在共同加行上磨練的時間比較長，修不共加行會比較方便；然後在不共加行上，若

大圓滿前行廣釋（三）附大圓滿前行實修法

111

也花一定的精力來修學，那以後修什麼法都沒有困難。退一步說，就算你沒有修其他法，但只要能修成這些，也沒什麼可遺憾的了。

這一點，剛入佛門的道友不一定能感覺到，但你若對此終生奉行，到了晚年時，必定會明白：「當年正因為我把共同加行和不共加行修得非常紮實，如今成了一個很好的修行人。假如我剛開始就爬到最高的山頂，現在很有可能已不是這樣了。」所以，鑒於以上這些原因，我這次對《前行》作了詳盡解釋。

在宣講每一引導文之前，華智仁波切都有個偈頌讚歎上師如來芽尊者：

　　了達輪迴諸事無實義，唯以大悲利益諸有情，

　　不貪有寂依教行大乘，無等上師足下我敬禮。

「了達輪迴諸事無實義」：他的上師完全了達輪迴一切事物皆無實義。什麼是輪迴一切事物呢？對世間人而言，就是降伏敵人、護持親友，以及賺錢、工作等；對修行人而言，則是為後世獲得善趣而禪修、念佛。這些無法令我們脫離輪迴，故都沒有多大意義。

「唯以大悲利益諸有情」：他唯一以大乘的慈悲心來利益一切眾生。從如來芽尊者的傳記中可以看出，他從小直至圓寂之間，唯一的行為就是利益眾生，始終把利他大事放在首位，對個人的犧牲和付出毫不在乎。

「不貪有寂依教行大乘」：以智慧不貪著輪迴之邊，以悲心不貪著寂滅之邊，遵照大乘佛教的宗旨，以六度萬行行持正法。

「無等上師足下我敬禮」：在如此三界無與倫比的上師足下，華智仁波切恭恭敬敬地頂禮，祈求上師加持自己早日生起對輪迴的厭離心，得到超越生死的果位。

以前，阿瓊堪布的弟子夏珠仁波切曾要求：在修加行的時候，每次一定要先念前面的偈頌，然後閉眼合掌虔誠祈禱：「請根本上師為主的歷代傳承上師、諸佛菩薩加持，讓我相續中早點產生輪迴無有實義的定解，並能生起看破世間的無偽出離心！」如是祈禱之後，自己再開始進行觀修。

「壽命無常」像這裡一樣，前面也有一個偈頌㉙。所以，你們修每一個引導時，都應把這些偈頌當作祈禱文來念，然後一心專修，這樣可以得到不共的加持。我個人認為，諸佛菩薩的加持很重要，假如沒有以懇切的心來祈禱，自相續中的智慧不可能引發出來。雖然諸佛菩薩對任何眾生都平等無偏地以大悲心關照，但這也需要一種信心的因緣，否則，無邊的加持不可能無緣無故就融入你心。所以，平時在修行過程中，我們一定要祈禱上師、諸佛菩薩。

㉙頌云：「現見三有無常幻化相，捨棄今世瑣事如唾涎，苦行修習追隨先輩跡，無等上師足下我敬禮。」

大圓滿前行廣釋（三）附大圓滿前行實修法

現在有很多研究者，只是片面強調理論，從來不提「信心」這一層面，這不得不說是一種缺憾。因此，我們應將理論與實踐相結合，把傳承上師的加持融入自心。一旦加持真正入了心，心就會比較堪能，不會對這個生邪見、那個生邪見，修什麼法都有立竿見影的效果，故這一點非常重要！

丙三（輪迴過患）分二：一、總的思維輪迴痛苦；二、分別思維六道各自痛苦。

丁一、總的思維輪迴痛苦：

總結前兩品的內容：第一個引導文所講的暇滿人身，我們已經獲得了，得到後應覺得它來之不易，要用它認認真真地修行；第二個引導文則告訴我們，這樣的珍貴人身若能長期住留，那等一段時間再修行也來得及，可是這個人身就像水泡和陽焰一樣虛幻無常、瞬息萬變，最終必將走向死亡，故在其沒有毀滅之前，一定要抓緊時間來修行。

要知道，一個人如果想超離輪迴，務必要斷除對今生和來世的執著。可是對今生的名利地位，很多人都放不下，若能把「人身難得」和「壽命無常」修好了，誠如宗喀巴大師所言㉚，勢必可斬斷對今生的貪執；而如果想斷除對來世的耽著，則必須修持下面所講的「輪迴

㉚宗喀巴大師在《三主要道論》中云：「人身難得壽無常，修此可斷今生執。無欺業果輪迴苦，修此可斷後世執。」

過患」和「因果不虛」。

這一點，現在人都比較缺乏。我常看到許多修行人，心裡願意好好禪修、好好修學佛法，但問他為什麼這樣做時，答案往往是耽執來世的快樂、不墮惡趣，就像其他宗教徒一樣，希望自己上天堂，或往生淨土享樂。這種現象非常令人遺憾，倘若你沒考慮過來世的解脫，只是一味希求即生的快樂、健康、無病，或者來世升天享樂，那並不是真正的修行人。因此，大家一定要把追求解脫放在首位。

在座各位於修行過程中，也應該捫心自問：「我現在修加行，是為了今生，還是為來世？若為了來世的話，是想獲得善趣的快樂，還是希望從輪迴中永遠解脫？」這個相當重要。因此，大家一定要祈禱上師三寶加持自己，對人天安樂沒有任何興趣，唯一就是想從火坑般的三界中得到解脫。《業分辨經》說過㉛，三有之苦，猶如毒藥、猛獸、野人般恐怖，沒有什麼可貪著的，必須想方設法從中出離。當然，「超出三界」、「脫離六道」，口口聲聲誰都會說，但你真正的目標是什麼，還是應該仔細觀察。

正如前文中所講，「人身難得」教導我們一定要去修行；「壽命無常」告誡我們想修行就必須盡快。那下

㉛《業分辨經》云：「三有之苦，無有清涼之時，故如火坑；恐怖悲慘，故如處於暴怒猛獸、野人之中；難有解脫時機，故如困於國王圈圄中；屢屢湧現，故如海濤；摧善趣命根，故如哈拉哈拉毒。」

大圓滿前行廣釋（三）附大圓滿前行實修法

面的內容是什麼呢？

人死了以後，並不是像無神論、唯物論所說，如同水乾了、火滅了一樣，一了百了。如果真是這樣，我們花功夫為來世做種種準備，純屬愚癡之舉。但實際上，人死之後並非完事大吉，而必然要投生，有了投生就離不開生死輪迴，因此一定要懂得「輪迴過患」。

當然，學習這個問題之前，首先要確信前世後世的存在，否則，很多人會對此半信半疑。這一點對藏族人而言，由於從小就受這種教育，可能問題不是很大。就像有些上師所說，藏族人歷來都是大乘根基，再加上生長的背景處處離不開佛教，故對此基本上沒有懷疑。然而，其他有些民族就不是這樣了，因為小時候的教育所致，他們將前後世存在統統斥為迷信，即使長大後以偶爾的因緣遇到了佛法，進入佛門行持善法，但一提起前世後世，他們仍抱有猶豫、懷疑的態度，不完全相信天界地獄的存在。所以對這個問題，不相信的人要先從理論上入手，不能盲目地認為「這是釋迦牟尼佛所說，因此必須承認」，而務必要通過詳細的觀察，用方方面面的道理來說服自己。

關於前世後世之說，其實自古以來就存在於世界各大宗教中。比如，古印度婆羅門教的《梨俱吠陀》一書中，已暗示人死後有靈魂的歸處；後來的《奧義書》、《薄伽梵歌》中，記載著純熟的輪迴思想。

在西方，古希臘的哲學家們對靈魂之說，也作了積極研究。例如柏拉圖就提出：人死後依照生前所作善惡，轉生為人或其他生物。

而古代的漢地，宗教主要是儒教和道教。其中儒教的創始人孔子，在《論語》中說過：「未知生，焉知死？」又云：「敬鬼神而遠之。」可見，孔子是承認有輪迴、鬼神的，但採取的態度是避而不談、敬而遠之，既不肯定其有，也不肯定其無。現在有些唯物主義者也是這樣，我跟有些領導接觸的時候，經常故意說「你前世是什麼樣，你後世是什麼樣」，他們一聽，就趕緊轉移話題。然後我再次提起來時，他們也無可奈何，反而有點不好意思。

明朝有位儒學大師叫王陽明，從他的親身經歷中看，儒教也承認生命的延續。王陽明是著名的理學家，他50歲時，有一天到江蘇的金山寺去朝拜。到了那裡以後，他覺得寺中景物似曾相識，非常熟悉，於是就跟寺裡的一個出家人到處走走，結果來到一關房前，只見門窗緊閉著，上面還貼了封條。王陽明一看到這個關房，就感覺自己好像曾住過，於是按捺不住心中的好奇，央求出家人打開來看看。

出家人連忙拒絕：「這關房是我們一位老和尚五十年前圓寂的地方，裡面供奉著他的全身舍利，他老人家遺囑交待不可開啟。請您原諒，千萬開不得！」但王陽

大圓滿前行廣釋（三）附大圓滿前行實修法

明特別想看，就一再地請求，說哪怕只看一眼也可以。出家人實在沒辦法，只好萬分為難地打開關房，讓他進去。

王陽明進去一看，果然見到一位圓寂的老和尚端坐在蒲團上，法相莊嚴。奇怪的是，他竟和自己的容貌非常相像。舉頭看去，牆上還有一首詩：「五十年後王陽明，開門猶是閉門人，精靈去後還歸復，始信禪門不壞身。」原來，王陽明的前生，就是這位坐化的老和尚。

（輪迴的確是這樣，有些人即生是出家人，來世可能是在家人；有些即生是在家人，來世卻成了出家人。所以，我們在六道中流轉的次數無量無邊。）

儒教既然承認生命是延續的，那建立前世後世應該不困難。而道教主張長生不老，雖然建立前後世的論典我沒看過，但應該是有。比如道教認為，元神是肉體的主宰，它可脫離身體而獨自存在。你們應該也聽過「鐵拐李」的故事，「鐵拐李」本名李玄，他通過修煉，達到了元神可自由離體的境地。一天，他跟弟子楊子說：「為師應太上老君之約，神魂離去，肉身留在這裡，你要悉心看護。七天後若不見我神魂歸來，就將我的肉身焚化。以七天為期，切記！」說完李玄盤膝而坐，元神出竅，飄然而去。

楊子遵循師父的教言，寸步不離地看著他的肉體。到了第六天，楊子叔叔來說他母親病重，想見他最後一

面。楊子慟哭不已，指著李玄的肉體說：「師父神魂出遊，臨行時叮囑我小心看護，限期七天。如今已過六天，我若走了，誰來看護？」叔叔覺得他胡說八道，人都死六天了豈能還魂？就勸他把師父的肉體火化掉了。

到了第七天，李玄辭別太上老君，老君贈他一偈：「辟穀不辟麥，車輕路亦熟。欲得舊形骸，正逢新面目。」李玄不知其中奧義。回到山洞中，不見自己的肉身，大吃一驚，出洞尋找，方知已被火化。李玄神魂無依，見不遠處有一具乞丐的屍體，便不顧一切地投魂。等起來到河邊一照，發現自己衣衫襤褸，跛足拄拐，翩翩少年變成了蓬頭垢面的「鐵拐李」。

其實，這跟藏地的奪舍法㉜有點像。以前噶瑪巴自生金剛（觀音菩薩的化身）圓寂後，想用奪舍法尋找一個新的軀殼，繼續自己未完成的事業。他看到有個剛死的三歲男孩屍體，立即使自己靈識入於其身，並轉動眼睛。其母見此情形非常害怕，說：「死人看活人，是凶兆。」就用針刺瞎了他的雙眼。噶瑪巴覺得沒有眼睛不是暇滿人身，難做利生之事，只好採取重新投胎的辦法，再次轉生為這家的孩子。

可見，靈魂是不滅的，前後世也是存在的。這並不是佛教的一家之言，天主教、基督教等其他宗教也承

㉜奪舍法：噶舉派方便道「那若六法」之一，是讓靈識進入屍體，使屍體復有生命的一種密法。由瑪爾巴譯師親自從印度求取。

認，人死後要麼上天堂、要麼下地獄。只是道理上講得比較模糊，不像佛教一樣，把轉生之因、最終能否解脫等理論，分析得相當透徹。

因此，關於前後世的存在，我們佛教徒一定要了知，尤其是有些知識分子，如果道理上沒有明白，始終會心存懷疑，以分別念產生種種邪見。反之，倘若你真的有理有據，能夠證明前世後世的存在，那就不得不承認了。譬如，英國有一位老人，從小常憶起前世在兩千多年前古城佩特拉的情景，後來他專門協助考古學家，依靠對前世的回憶，發現了許多未被發現的遺址。

這樣奇妙的事情，如今確實非常非常多。所以我們一定要明白，人不是突然產生的，也不是死後什麼都沒有了。現在很多人之所以那樣想，是因為對佛法沒有聞思過，不了解佛教的甚深道理。以前我傳講《前世今生論》時，學院很多知識分子收穫很大，尤其是一些出家人，表面上誰都承認前後世存在，畢竟你穿著袈裟、剃著光頭，否認這些的話，在別人面前也不好意思。但實際上極個別人還是有所懷疑，以這種心態去修持，並不容易得到成就。因此，這是非常關鍵的問題，大家如果確實有疑問，則應該在智者面前詢問、探討，從而引生出真實的定解。

現在很多人對前後世一片茫然，原因就是不懂佛教，不然，這方面的理論會相當豐富。其實總的來說，

所謂輪迴，就像陶師手中的輪盤、井中的水車、瓶中的蜜蜂一樣，接連不斷地旋轉。關於輪迴，《觀佛三昧經》㉝將之喻為火輪；《佛說無常經》㉞、《入中論》㉟則喻為水車；《法句經》㊱、《大智度論》㊲、《心地觀經》㊳中比喻成車輪；《佛本行集經》㊴中喻為竹筒中的蜜蜂。就拿蜜蜂的比喻來講，將蜜蜂關在瓶內，牠只能在瓶中飛來飛去，同樣，我們無論生於善趣或墮入惡趣，都超不出輪迴的範圍。善趣的人間天境如同瓶內上面的空間，三惡趣就像瓶內下面的空間，六道眾生就像《俱舍論》中所言，以有漏的善業、不善業為因，連續不斷地投生流轉，為此叫做「輪迴」。

現在很多人修行時，根本沒想過脫離輪迴，只是每天念經參禪，卻沒有通達空性，也沒以菩提心來攝持。這樣行持善法是有漏的，以此為因，會周而復始在輪迴中流轉，時而快樂、時而痛苦。如《法華經》云：「以諸欲因緣，墜墮三惡道，輪迴六趣中，備受諸苦毒。」意即眾生以各種欲望的因緣，有時候墮入三惡趣，有時候從三惡趣解脫，轉生到三善趣中去，這樣周而復始在輪迴裡流轉不停，感受無邊痛苦，即是輪迴的一種本

㉝《觀佛三昧經》云：「佛告大眾，三界眾生輪迴六趣，如旋火輪。」
㉞《佛說無常經》云：「循環三界內，猶如汲井輪。」
㉟《入中論》云：「如水車轉無自在。」
㊱《法句經》云：「捨身復受身，如輪轉著地。」
㊲《大智度論》云：「業力故輪轉，生死海中迴。」
㊳《心地觀經》云：「有情輪迴生六道，猶如車輪無始終。」
㊴《佛本行集經》云：「眾生流轉煩惱海，猶如蜂在竹孔間。」

121

大圓滿前行廣釋（三）附大圓滿前行實修法

性。之所以把它叫做「輪迴」，《寶鬘論》中用旋火輪無初、無中、無尾的比喻，也進行了說明⑩。介紹十二緣起時，大家會明白這個道理。

因此，我們一定要超離這個輪迴。就好比關在監獄裡的人，雖然暫時吃得好、穿得好，但那裡畢竟是牢獄，誰都希望有一天得到釋放。同樣，我們如今有吃有穿，生活條件越來越好，但它畢竟不離痛苦的本性，因而每個人都要有嚮往解脫之心，否則就不叫真正的修行人。

在這個輪迴中，我們無始以來一直漂泊，眾生彼此之間沒有不當過父母、親友、怨敵或平常人的。《大集經》云：「無有一眾生，非我父母者。」《梵網經》也說：「一切男子是我父，一切女人是我母。」這方面的教證，佛陀宣講得特別多。在噶當派、格魯派、寧瑪派的教言中，不管是觀輪迴痛苦，還是修菩提心，也都強調一切眾生當過自己的父母。這並不是佛教故事，也不是神話傳說，故對於前後世的存在，大家一定要深信不疑。佛陀在《菩薩本行經》、《本生經》、《六度集經》等經典中，皆說過他在因地時曾轉生為婆羅門、上師等，佛陀是不說妄語的實語者，既然他也在輪迴中當過各種各樣的人，我們眾弟子就更不用說了。只不過我們不知道前世當過什麼而已，但實際上，輪迴、前後世決定存在。

⑩《寶鬘論》云：「三道之輪迴，無初中末轉，猶如旋火輪，彼此互為因。」

佛經中說，假設把整個大地的土，搏成棗核大小的丸子，口裡數著「這個眾生的母親是這個，那個有情的母親是那個」，數一個就拿出一個丸子，那麼即使土丸全部數完，眾生之間互為母親的次數也無法窮盡。龍猛菩薩在《親友書》中云：「地土搏成棗核丸，其量不及為母數。」《大般涅槃經》也講過類似的道理㊶，有時間的話，大家應該盡量看一些大乘經典，多了解一下其中的比喻和內容。

我們自無始以來，沒有誰不是這樣轉生的，在此期間，因利慾薰心斷過的頭顱和肢體不計其數。不說投生為軀體龐大的眾生，即便是生為螞蟻、蚊子等小含生，將所有肢體堆於一處，也一定比須彌山王還高。佛陀在《雜阿含經》中云：「一人一劫中，積聚其身骨，常積不腐壞，如毗富羅山㊷。」因口中無食、身上無衣，感受飢寒交迫等痛苦而哭過的淚水，若未乾涸而收集起來，肯定遠遠多於汪洋大海。（尤其是女眾特別愛哭，好多人也知道自己眼淚太多了，如果把這些淚水集於一處，不敢說堪比江河，但肯定比一盆水要多。）僅僅生在地獄時所喝過的銅汁鐵水，也比四大海洋的水還多。

所以，每個人沒什麼可傲慢的，就算你再有學問、再有財富、再有地位，但一想起自己前世曾生為各種各

㊶《大般涅槃經》云：「揣此大地猶如棗等易可窮極，生死難盡。」
㊷毗富羅：譯曰廣博脅山。在摩竭陀國，常人所見，故佛常引之為喻。

樣的眾生，傲氣很容易就消下來了。縱然你是國家的一些大領導，假如不信因果而造下可怕惡業，來世也會轉生為被眾人踐踏的小含生。

對於這些甚深道理，多思維還是非常重要。表面上這些很簡單，但作為一個修行人，具有如此定解不可缺少。倘若你能對此堅信不疑，一想起輪迴的痛苦，必定會特別害怕。聖天論師也說：「若凡夫亦知，一切生死苦，則於彼剎那，身心同毀滅。」意思是凡夫人若像聖者一樣，現量了知輪迴一切生死諸苦，則於了知的當下，身心會因無法承受而崩潰。然而，我們不要說無始以來，僅僅是「今生死後來世會依善惡業而感受苦樂」，這麼一個簡單的理念，許許多多的人仍不相信。不信佛教的人倒情有可原，但信佛教的人若沒有這種正知正見，那就太遺憾了。

輪迴雖然如是可怕，但我們若生不起剎那的出離心，還執迷不悟地貪執各種瑣事，在未來漫無邊際的時日中，必然會變本加厲地感受痛苦。就算你依靠隨福德分的些微善業，獲得了梵天和帝釋那樣萬壽無疆、富足圓滿、威風凜凜、相貌堂堂的身體，在天界享受無比快樂，也擺脫不了死亡的命運，並且善業窮盡之後，還要飽嘗惡趣的悲慘痛苦。那暫時擁有榮華富貴、健康無病等微不足道安樂的人們，在幾年或幾個月，甚至短短幾天時間內，更容易因善業耗盡而變得一貧如洗、可憐兮

兮，甚至不願意也要感受惡趣的難忍痛苦。

　　輪迴的整個悲慘狀況，大家若去深深思維，就會恍然大悟：「哦，原來人們特別貪執的對境，不過如此而已！」所以說，現在暫時的幸福快樂，就好似夢中興旺發達之時突然醒來一樣，有什麼實質可言呢？《大圓滿心性休息》云：「如夢富足醒時無。」一個人做夢的時候富貴無比，但當醒來時，一切都會消失無餘。同樣，我們今生即使成為億萬富翁、世界最出名的人，可是五蘊聚合一旦散開，一旦離開這個世間，還有這些名聲地位嗎？沒有的，就像《竅訣寶藏論》裡所講的一樣㊸。

　　我平時身心比較放鬆時，常再三觀察這些道理，不斷提醒自己：「我每天這樣貪執很多事，但死亡到來的那一天，除了行持過的善法有用以外，其他什麼東西都幫不上忙，善惡業會緊緊跟隨著自己。」因此，這個輪迴真的特別可怕！沒有去思維的話，很多人都迷迷糊糊的，每天耽著無意義的事情，但如果真正去觀察，自己就像屠宰場裡的犛牛一樣，死到臨頭卻毫不自知，還在貪戀牛圈裡的暫時快樂，以致距離解脫遙遙無期。如《心地觀經》所云：「眾生沒在生死海，輪迴五趣㊹無出期。」

大圓滿前行廣釋（三）附大圓滿前行實修法

所以，大家獲得難得的人身、遇到解脫妙法時，應像盲人抓住大象的尾巴一樣，牢牢抓住機遇，內心默默發願：「從現在開始，我全心全意追求解脫，再也不要沉溺在輪迴中了，否則太可怕了！」應該有這樣的想法。不然的話，就算我們依靠一點點善果，感得眼前的幸福快樂，可是引業一旦耗盡，根本沒有剎那住留的權利。不要說人類，即便是坐在天衣鋪設的如意寶座上盡情享受五欲妙樂的天王，壽命結束之後，也會在眨眼閉眼的瞬間，頭朝下墮入地獄，在熾燃鐵地上感受痛苦。如《正法念處經》云：「天上欲退時，心生大苦惱，地獄眾苦毒，十六不及一。」再者，太陽和月亮㊺雖擁有普照四洲的光芒，但他們死後，也會轉生於伸手不見五指、漆黑一片的暗處。（像海底深處或大山中間的眾生，前世肯定也當過光芒萬丈的天人。按照有些經典的觀點，今生毀謗佛法、毀壞佛經、對傳授佛法製造違緣的人，來世將生於特別黑暗和恐怖的地方。）可見，輪迴中似是而非的安樂，沒有任何可信賴的。

大家應該知道，六道輪迴是真實存在的，勝義中雖什麼都不承許，但世俗中一切真實無欺。就像我們現在雖看不見加拿大、美國華盛頓，但它們並非沒有，同樣的道理，餓鬼、地獄、天堂、色界、無色界，我們的肉

第四十節課

㊺《俱舍論》中說，太陽和月亮都屬於天人，分別居於日宮、月宮之中，他們身體發出的光芒遍於四大部洲。

眼儘管看不到，但許多依據皆可證明其存在。而這些，都屬於輪迴，屬於輪迴就不會有快樂。因此，我們要下決心：今生今世一定全力以赴脫離輪迴苦海，獲得永久安樂的圓滿正等覺果位。這才是最究竟的目標。

你們很多人來學院不少年了，白天、晚上都在修持，但捫心自問：你想過解脫沒有？有些居士學佛法二十多年了，但你問一問自己：學佛是不是為了解脫？所以這個問題很重要，每個人都要想一想。當然，上述道理並不是口頭會說就可以了，而要細緻入微地思維，像《前行備忘錄》中所講的一樣，要完整具足加行、正行、後行來實地修行。

總而言之，你們應當明白：第一、輪迴六道確實存在；第二、必須要從中獲得解脫。今天講的就是這兩個問題。如果你對這兩個問題有所懷疑，就應通過聞思來探討、辯論；如果你沒有任何疑惑，堅信「輪迴肯定存在，輪迴中沒有任何快樂，一定要獲得解脫」，以這樣的心態來修行，那麼它的力量很強大，會讓你迅速斬斷對今生來世的貪執。否則，我們若執著今生的錢財名利、來世轉生善趣享樂，修什麼法都不會成功的！

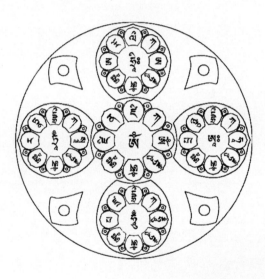

第四十一節課

共同加行分六種，現在講第三種「輪迴過患」。其中總說已講完了，下面開始講分說：

丁二（分別思維六道各自痛苦）分六：一、地獄之苦；二、餓鬼之苦；三、旁生之苦；四、人類之苦；五、非天之苦；六、天人之苦。

戊一（地獄之苦）分四：一、八熱地獄；二、近邊地獄；三、八寒地獄；四、孤獨地獄。

諸多經典和論典中，對地獄的描述各不相同。就拿熱地獄來說，《瑜伽師地論》卷四中講了八熱地獄，每一地獄周邊皆有十六個小地獄，與上述八大地獄合計，共有一百三十六個地獄㊻；《長阿含經》中說，八熱地獄的周邊各有十六個附屬小地獄，即黑沙、豺狼、膿血等地獄；《增一阿含經》和《大智度論》雖也講了八熱地獄，但地獄的名稱和感受的痛苦差異甚多。

在藏傳佛教中，大多數地獄的安立比較相似，但漢地一些聖者的地獄遊記裡，所提到的地獄名稱和受苦情況有些不同。這一點，以前法王如意寶也講過：「地獄其實是眾生心識的顯現，由於眾生的心識千差萬別，故地獄的狀況也成千上萬，不一定只有八熱地獄、八寒地獄這幾種。」所以我們應該知道，不同經典中對地獄的

㊻8×16+8=136

大圓滿前行廣釋（三）附大圓滿前行實修法

不同描述，是源於不同眾生的業感所現。但在這裡，我們只是以歸攝的方式，大致宣說地獄的痛苦。

　　己一（八熱地獄）分八：一、復活地獄；二、黑繩地獄；三、眾合地獄；四、號叫地獄；五、大號叫地獄；六、燒熱地獄；七、極熱地獄；八、無間地獄。

　　八熱地獄有什麼特點呢？按照《俱舍論》和《瑜伽師地論》的觀點，從復活地獄逐漸向下到無間地獄之間，就像高樓大廈一樣層層疊疊。這些地獄的地面與周圍，全部猶如打造的燒鐵般，一經落腳就沒有絲毫舒適感，在熊熊烈火之中，只會覺得火燒火燎、熱到極點。（不像在我們人間，即使天氣溫度再高，落腳處也不會燃燒，而地獄中沒有一處舒適的地方。）

　　描述地獄的時候，希望你們先對佛的金剛語有所了解，否則，對地獄眾生的壽量、感受痛苦的程度恐怕不易相信。作為凡夫人，對於肉眼沒有見到、沒有親自感受的事情，常會產生種種懷疑。所以在這個時候，必須以教量為準，堅信佛陀和高僧大德的金剛語千真萬確。雖然我們的智慧尚未成熟，也沒親自到地獄去經歷這種痛苦；或者就算以前感受過，現在也想不起來了，但有關經論的教義無有任何欺惑，對此一定要有種信任、信心，這是很重要的！

　　打個比方說，就像幼兒園的一個孩子，老師給他講監獄裡的骯髒、痛苦，他因為沒有生活閱歷、社會經

驗，覺得這是神話故事，很難接受人犯法後會被判死刑或無期徒刑。（前段時間有一個人，他說以前犯法被關進監獄，那裡面特別臭，三十多人擠在一間房子裡，好多天的大小便都不能倒，三四天也沒吃沒喝，大家都覺得特別特別難忍。過了三四天後，他們一個個被拉到外面痛打，雖被打得遍體鱗傷，但好像感覺非常舒服。為什麼呢？因為牢裡特別悶，只有小小的一個門縫，眾人為得到一絲光明，拼命擠在門縫前往外看，尤其是有力氣的小夥子，非要占著這個位置，為此而互相打架，慘不忍睹……還有一個七十多歲的人告訴我，他在50年代時飽受牢獄煎熬，那種痛苦實在無法忍受。）而當他長大後一旦犯了法，銀鐺入獄時就會明白：「噢，原來我讀書時老師所講的，真的是這樣啊！」同理，我們現在的思想極其狹隘，佛經或大德宣講地獄的種種痛苦時，腦海中實在無法想像，提起地獄眾生的受苦時間，覺得簡直是天文數字，但實際上這些痛苦的的確確存在，一旦你真正感受到它，必定會後悔莫及。

　　因此，通過這次觀修輪迴痛苦，大家對地獄要有種恐怖感，發誓今後無論如何不能造罪，不然下地獄是很可怕的，這種感覺一定要生起來。否則，大多數人學佛，只是為了身體健康、升官發財，為生生世世不墮地獄而學佛的，實在少之又少。尤其是現在許多佛教徒，口頭上倒承認地獄存在，但內心中真的害怕嗎？可能需要好好觀察。

老一輩的修行人、高僧大德，他們特別害怕墮入地獄，白天晚上一直思維著。在座的老道友可能也記得，法王如意寶常說，有時候他晚上一想起自己會不會墮入地獄，就害怕得連睡都睡不著。可是我們很多人不會這樣，為了房子等亂七八糟的事，睡不著的情況也許有，而會不會墮入惡趣的擔憂、恐怖，應該說極為罕見。這說明你相信因果只是口頭上的，並沒有達到堅信不疑的程度，故今後在這方面還是要努力。

庚一、復活地獄：

無數的地獄眾生由業力所感，好似暴風雪般，同時聚集到燒鐵地上火紅的餘燼中間。它們有些是以嗔恨心感召而集聚一處，有些是被閻羅卒通過打打殺殺，強迫集中在一起，但不管怎麼樣，聚於此處的地獄眾生將感召什麼樣的同行等流果呢？所有眾生如同見到不共戴天的殺父仇敵一樣，相互間生起嗔怒之心而奮力爭鬥。它們不需要兵工廠製造兵器，也不需要卡車運來兵器，而是像《入行論》所講的，只要心念一動，即會以業力幻化出不可思議的兵器。它們手持兵器互相殘殺，打得你死我活，最後全部喪命。死後若能一了百了倒可以，但實際上沒那麼簡單，此時從空中傳來「願你們復活」的聲音，隨即所有眾生死而復生，又一如既往地爭鬥不休。就這樣輾轉死去復活，輪番交替，極其痛苦。

有些經中說，地獄眾生「一日一夜萬死萬生」，相

比之下，我們人間實在太幸福了。有的人特別痛苦時選擇自殺，當他死了以後，痛苦暫時就沒有了。可是地獄眾生業力現前時，死後馬上就會復活，接連不斷地感受這樣的痛苦。

這是什麼果報所感呢？多是觸犯戒律、殺害眾生[47]等罪業，或按照《別解脫經》的觀點，較輕的惡作罪若沒有好好懺悔，最後都會墮入復活地獄。

再來看看復活地獄眾生的壽量：人間五十年是四大天王天[48]的一天，三十天為一個月，十二個月為一年，四大天王所在的天界五百年是復活地獄的一天，這樣計算復活地獄三十天為一個月，十二個月為一年，此地獄眾生自壽為五百年。若以人壽來計算，則是一萬六千二百億年[49]。

這麼長的時間，是我們根本無法想像的。或許有人很難接受，但你不得不相信，否則，就像喬美仁波切所說[50]，對於造善業的功德、造惡業的過患，以及地獄的痛苦和壽量，你聽到之後認為虛構不實，進而生起邪見，此罪業遠遠超過造五無間罪。因此，當你產生這類懷疑時，一定要好好地懺悔。

---

[47]《六趣輪迴經》云：「養已殺於他，當墮等活獄。」
[48]四大天王天，是六欲天的第一重天，其他的向上依次為：三十三天、夜摩天、兜率天、化樂天、他化自在天。
[49]360×500×360×500×50=1620000000000年，即一萬六千二百億年。《念處經》中也說：「復活地獄眾生壽量達人間十六萬二千俱胝年。」
[50]喬美仁波切在《極樂願文》中云：「聞善功德惡過患，地獄痛苦壽量等，認為不實僅說法，此罪重於五無間，發露懺悔無解罪。」

庚二、黑繩地獄：

閻羅獄卒把形如柴爐的地獄眾生，帶到熾熱燃燒的鐵地上，在它們身上用黑線劃分為四份、八份、十六份、三十二份等，然後用火紅的鐵鋸進行鋸割。由於業力現前，這些眾生剛被鋸開的部位，馬上又粘連在一起，就這樣反反覆覆地感受剖割之苦。

在我們人間，身體如果被攔腰割斷，絕不可能馬上復合。但眾生的業力不可思議，比如蚯蚓從中間切成兩段後，上半截和下半截合在一起埋上，過段時間牠又變成完整的一條了，黑繩地獄眾生的業感也是如此。

那麼，轉生黑繩地獄的因是什麼呢？《六趣輪迴經》[51]中說，對父母、親友、眷屬等加以損害，並通過妄語來欺騙他們，命終就會轉生於黑繩地獄[52]。捫心自問，我們墮此地獄的因其實造過許許多多，如果現在還不懺悔，人身失去以後，前面是什麼樣的歸宿在等著我們，確實不難想像。因此，大家有時間一定要懺悔。

黑繩地獄眾生的壽量：人間一百年是三十三天的一天，三十三天的一千年是黑繩地獄的一天，此地獄的有情壽量長達千年。若以人壽來計算，則是十二萬多億年[53]。

墮此地獄的眾生若沒被超度，而全部感受完自己的

[51]《六趣輪迴經》：一卷，馬鳴菩薩集，趙宋日稱等譯。
[52]《六趣輪迴經》云：「於父母朋屬，而生於損害，起妄語欺誑，當墮黑繩獄。」
[53]360×1000×360×1000×100=12960000000000年，即人間十二萬九千六百億年。

業力，這個時間極其漫長。當然，中間若有人對它超度，就可以很快獲得解脫。以前我看過西瓊空行母的《地獄遊記》，裡面說她到地獄念觀音心咒時，有些眾生減輕了痛苦，有些已離開了地獄，有些則直接往生極樂世界。她還看到活著的人若對亡者超度，比如父母死後，子女把他的名字寫上，交給僧眾念觀音心咒，那麼此人雖在地獄受苦，但當下就能減輕罪業，得到人身或者直接往生，有各種各樣的情況。

因此，我們父母親友死了以後，有機會要把他的名字寫上，交一些錢請僧眾念經。當然，錢交多少可以隨緣，有些人在寺院裡討價還價：「我交一千塊錢，你可不可以念一百萬心咒？錢可不可以再減一點？」還有些人說：「某某地方念一億觀音心咒比較便宜，我把錢拿到那裡去。」好像把這當成做生意一樣，可是便宜的不一定就效果好。其實只要你發願為亡人念經，通過打卦、觀察之後，在沒有吝嗇心的情況下，隨緣交些錢給僧眾，這樣就可以了。或者，你有條件的話，請僧眾超度地獄為主的六道有情，願他們早日減輕痛苦，以此發願力而做佛事，則功德更大。

跟地獄眾生比起來，我們人間的痛苦實在微不足道。法王如意寶常引用麥彭仁波切的一個教言教誡弟子：「現在就是一顆小火星落在身上，你也會覺得疼痛難忍，那麼將來真正在燒鐵地上，無量獄火灼燒著你，

大圓滿前行廣釋（三）附大圓滿前行實修法

又怎能忍受得了呢？」的確，我們有時候一天不吃飯，或者天氣比較熱，就感覺太難受了，但跟地獄的痛苦相比，人間簡直是天堂。

剛才有個人抱怨：「我太苦了、太苦了！跟地獄沒有任何差別，不如早點離開人間好，早點墮入地獄好！」說這種話，完全是不信因果的表現。其實人間再怎麼痛苦，也絕對不及地獄的一絲一毫。《親友書》中講過⑭，倘若一日之中有三百短矛不斷刺入你的身體，這種痛苦簡直無法堪忍，但與所有地獄中最輕微的痛苦相比，就連萬分之一也比不上。

大家若是相信因果，就該知道輪迴雖然全都是痛苦，人間也沒有多大快樂，但比起地獄、餓鬼、旁生來，人間的任何感受都快樂。我下午看書時特別痛，但後來想想，我身上的這些病苦跟地獄眾生的痛苦比，簡直無法相提並論。此時此刻，正有千千萬萬的地獄眾生在掙扎著感受無邊痛苦，所以我們不論痛苦還是快樂，都要常想到將自己的善根迴向給這些眾生。

庚三、眾合地獄：

眾合地獄有兩種，一種是：數不勝數的地獄眾生，被關在大如地域般的鐵臼內，獄卒們揮舞著須彌山般的鐵錘，使勁錘打它們。所有眾生哭哭啼啼，在無法想像

---

⑭《親友書》云：「於此一日中感受，三百短矛猛刺苦，彼較地獄最微苦，難忍之分亦不及。」

氣息分解的痛苦和萬分恐怖的狀態中死去。當閻羅卒舉起鐵錘時，它們又再度復原，依然如故地感受痛苦。（地獄眾生從早到晚，沒有吃飯、休息的時間，日日夜夜都在不斷感受痛苦。你們不相信也就罷了，但相信的話，應當問一問自己：「我來世願不願意做這樣的眾生？」）

還有一種是：在川谷中所有相對的山嶺，變成自己以前殺害的鹿子、黃羊、山羊等動物的頭像(55)，牠們的角尖燃火，角抵角而相鬥。地獄無量眾生由於業力所牽，來到這兩座山中間，當兩山互相碰撞時，這些眾生全部死去，漫山遍野都鮮血淋漓；當山分開時，它們就恢復如初，又像前面一樣感受著眾合等巨大痛苦。

那麼，轉生眾合地獄的因是什麼呢？《六趣輪迴經》中說(56)，若殺過豬、羊、兔子等許多動物，將來會轉生到此地獄去。所以，我們生前一定要謹慎三門，莫造惡業。《毗奈耶經》裡講過一個比丘，他能憶起前世於五百世中，一直在地獄受苦，每每想起當時的場景，他就極度恐懼，全身毛孔都在流血，將法衣都染成了紅色。於是佛陀特別開許：像他那樣的比丘，允許穿著花色法衣。而且他每天都要泡幾次澡，不然的話，身體、衣服上都是鮮血，沒辦法正常生活。後來他精進修行，獲得了阿羅漢果位。

(55)《瑜伽師地論》中講了，還有鐵馬、鐵象、鐵獅子、鐵老虎等動物的頭像。(56)《六趣輪迴經》云：「於豬羊狐兔，及餘生類等，殺害彼無邊，當墮眾合獄。」

我們如果也能憶起曾在地獄所受的痛苦，或有神通親見到地獄的狀況，絕不可能每天都這麼放逸，更不可能明知殺生過患卻故意去造惡業。但因為我們太迷惑了，不知道前世後世、不相信業果關係，以致造下了無數彌天大罪還不自知。

尤其是現在的年輕人，像藏地、不丹國家那些從小在佛教氛圍中長大的，可能好一點，至少相信善有善報、惡有惡報，但如果是伴隨著無神論而成長起來的一代，很容易對地獄的存在生邪見，認為這是神話傳說、憑空捏造。所以，當你有這種邪見時，應當反問自己：「我的分別念有什麼可信？地獄的不虛存在，具真實語的佛陀早已告訴了我們，無數高僧大德也已抉擇完了，那麼像我這樣被無明愚癡所覆的凡夫之觀點，有什麼可值得依賴呢？」要這樣自我批評、自我譴責。

眾合地獄的壽量：人間二百年是夜摩天(57)的一天，夜摩天的二千年是眾合地獄的一天。此地獄的眾生自壽為兩千年。若以人壽來計算，則是一百零三萬多億年(58)。

庚四、號叫地獄：

這一地獄的眾生，身陷無門的熾熱鐵室內，裡面火焰四起，備受煎熬之苦，想到無有從此解脫之時，不禁

---

(57)夜摩天：六欲天之一，又名時分天、離諍天。因居於須彌山前上空，按時行樂，故名時分天；不與阿修羅作戰，故名離諍天。

(58)$360\times2000\times360\times2000\times200=103680000000000$年，即人間一百零三萬六千八百億年。

失聲慘叫。

轉生號叫地獄的因是什麼呢？《六趣輪迴經》中講了⑤，身語意三門不如法，尤其是語言常說一些離間語，當面或暗地搞破別人的關係，其果報當墮此地獄。

這個其實很容易犯的，所以我們一定要懺悔，不然一講起這些地獄的業因，我們大多數人造的業太多了，好像沒有希望一樣。因此，為了不墮入這些地獄，臨死前務必要勵力懺悔。

壽量：人間四百年是兜率天⑥的一天，兜率天的四千年是號叫地獄的一天，此地獄眾生自壽長達四千年。

庚五、大號叫地獄：

閻羅獄卒手持令人毛骨悚然的兵器，將地獄的無量眾生，驅趕到雙重鐵門的熾熱鐵室中，（這裡的門是雙重的，跟前面有點不同。現在監獄可能也是這樣，犯罪比較重的人，所住的監獄也更可怕。）然後用鐵錘等錘打它們。這些眾生想：內外兩個門都是用鐵水澆鑄的，即便能逃脫內門，也逃不出外門。於是聲嘶力竭地大呼大叫。

關於地獄的真實存在，現實生活中也有這類報導。2005年一則新聞說：前蘇聯著名地質學家阿撒哥夫博士講過，他帶隊的一組工作人員在進行鑽探工作時，用機

---

⑤《六趣輪迴經》云：「起惡身語意，讒構相離間，如是罪眾生，當墮號叫獄。」
⑥兜率天：六欲天之一，又名喜足天、睹史多天。妙欲資具勝於以下諸天，身心安適，且喜具足大乘法樂，故名喜足天。

器鑽開了一個地洞。到了大約九英里深時，鑽探機器突然轉得異常劇烈，顯示出地底下有一巨大的空間。極為恐懼的是，裡面竟然飛出一頭青面獠牙、長有翅膀的怪物。稍後，他們將一台拾音器送下洞去，收聽到陣陣淒厲悲慘的慘叫聲，仿佛有數不清的人正在受到極大的痛苦。

對此，阿撒哥夫博士說：「作為一個無神論的共產黨員，我一向不相信有天堂或地獄之說。但作為一個科學家，我現在卻不能不確信有地獄存在。」

他們公開了一小段所錄到的地獄哀叫聲，我以前在網上聽過，大概有40秒左右。當時，前蘇聯官方對於此事，沒有作出任何評論，既不否定也不肯定，只表示將會審查該盒錄音帶。不過，他們想否定的話，可能也沒有這個能力，畢竟眼見為實；肯定的話，又與自己的無神論信仰有抵觸，所以後來就不了了之。

這段錄音，還曾在美國、加拿大等地的廣播電台放過，英國BBC台也有一卷同樣的帶子。原本還有錄影帶，但這個一直沒公布，只公布了一小段錄音，裡面確實有無數的眾生在尖叫、哭號。然而，聽過錄音的人說法不一，有些甚至說那些歇斯底里的慘叫，是酒吧的狂歡聲。但不管怎樣，我在聽的時候，覺得眾生的業感不可思議，只有一邊聽一邊念觀音心咒。

其實這不一定是假的。就像以前的畫辛吉，以神通

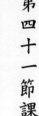

第四十一節課

常到地獄裡去；而沒有神通的商主匝賀旺姆（匝哦之女），依靠業力，也在活著時見到了地獄。所以，有特殊業感的人，確實能感受到一些地獄現象。

《大唐西域記》中記載了一個印度婆羅門，他於辯論中敗給賢愛和尚後，惱羞成怒，毀謗大乘佛教，蔑視前代聖人。話音未落，大地就裂開了，他活活地墜落下去，至今仍遺蹟尚存。《協慶佛教史》中也講過，以前拉薩那邊有一位格西，因前世業力所感，他極力誹謗寧瑪巴的大圓滿法，還砸毀了蓮花生大士等佛像，後來他也是活活陷入地獄。

《俱舍論》說過61，在我們南贍部洲的地下，確實有地獄，即從復活地獄開始，依次向下直至無間地獄。所以當眾生的不同業力顯現時，直墮地獄的現象也是有的。從佛經中也可以看出，過去印度有許多持邪見者的外道，他們造下嚴重罪業後，也是大地裂開，墮入地獄裡去，自古以來這種情況不在少數。

現在有些人，對佛經中說的不太相信，而科學家若印證了，或有人真正看見了，他們才開始有一點信。其實，佛經裡也並沒有說，所有人都看得到地獄。前段時間有一個居士，我感覺他應該有所證悟，他說：「佛經中講的人道、旁生的痛苦，我們都感受得到，而餓鬼和

大圓滿前行廣釋（三）附大圓滿前行實修法

61《俱舍論》云：「此下二萬由旬處，即是無間地獄處，彼之上方七地獄。」意即南贍部洲下方二萬由旬處屬無間地獄，其上方依次是七熱地獄。

地獄的痛苦，雖然看不見，但肯定是有，因為這是佛陀說的。你看佛陀描述的人間痛苦，一點都不差，生老病死的痛苦講得如是好，甚至現在科學家和醫學家，對這些痛苦的描述也沒有這麼確切。」

以前有位大德開示時也說：「現在的科學界，對量與非量根本沒辦法分析，對心識中貪心、嗔心等種種分類，也沒有真正去研究。」的確，佛陀對我們的痛苦描述得那麼細緻、真實，那麼地獄的痛苦，肯定也是同樣。因此，很多人的邪見必須要推翻，明白地獄的可怕之後，對自己以前所造的惡業，在短暫的人生中一定要懺悔，後半生要變成一個名副其實的修行人。

聽說許多道友最近都在發願，我覺得這很有必要。你們聽了一個法、接受一個法後，要改變自己的命運，否則，作為凡夫人，以前肯定造過墮地獄的業，現在不懺悔的話，更待何時？

那麼，轉生大號叫地獄的因是什麼呢？《六趣輪迴經》中說⑥，盜竊佛陀、佛法、僧眾等三寶的財物，以此而感受大號叫地獄的果報。因此，大家平時對三寶的財物務必要注意。

壽量：人間八百年是化樂天⑥的一天，化樂天的八千

⑥《六趣輪迴經》云：「若於佛法僧，及諸貪乏者，剽竊彼財物，墮大號叫獄。」
⑥化樂天：六欲天之一，自己任意變化欲界資生妙具，盡情享受，故名化樂天。

年是大號叫地獄的一天，此地獄眾生的壽量達八千年之久。

庚六、燒熱地獄：

大如三千大千世界的鐵器內，裝滿了沸騰的鐵水，地獄無量有情就像被煮的肉一樣，在裡面遭受熬煮之苦。每當它們浮到水面，閻羅獄卒就用鐵鈎將它們鈎住，用鐵錘錘打它們的頭部，於是它們昏迷不醒，此時已經全無苦受。當它們醒來之後，便以為那是一種安樂。（在我們人間，若有人被打暈倒地，醒來後會覺得特別痛苦，而地獄眾生卻覺得昏厥是種快樂。）這些有情始終處在水深火熱中，苦不堪言。

那麼，轉生燒熱地獄的因是什麼呢？《六趣輪迴經》中說⑥，生前以火焚燒山川、森林、房屋、草原，乃至燒害眾生，都會轉生於此地獄。

壽量：人間一千六百年是他化自在天⑥的一天，他化自在天的一萬六千年是燒熱地獄的一天，此地獄眾生自壽長達一萬六千年。

庚七、極熱地獄：

在火勢熊熊的鐵屋內，閻羅卒用火焰熾燃的三尖鐵矛，從地獄眾生的兩足掌和肛門刺入，又從雙肩和頭頂徑直穿出，並且還用燃燒的鐵片纏裹它們的身體，這些

---

⑥《六趣輪迴經》云：「以火焚山川，林木及原野，燒害諸有情，當墮炎熱獄。」
⑥他化自在天：六欲天之一，奪他所化妙欲資具而自享用，故名他化。

大圓滿前行廣釋（三）附大圓滿前行實修法

有情極度痛苦。

轉生極熱地獄的因是什麼呢？《六趣輪迴經》中說⑥，主要是對別人作無因誹謗，因為自己對某人不滿，就沒有任何根據地故意造謠，以此果報會墮入極熱地獄。

壽量：此地獄眾生的壽命，長達半個中劫⑥，因此無法用人間的年數衡量。

庚八、無間地獄：

周圍有十六個近邊地獄圍繞的燃火鐵屋內，閻羅卒將無量地獄眾生放到堆積如山、好似木炭般燃火的鐵塊中央，借助豹皮和虎皮所製的皮火筒⑥的風力，有情的身體與烈火燃成一體。（古代藏地燒火要用皮火筒，經典裡有沒有倒不清楚，華智仁波切可能用藏地生火的狀況來描述地獄的。就像根登群佩所說，諸法以眾生的業感而安立，比如你是漢族人，閻羅卒對你的種種恐嚇和威脅，可能是用漢語；如果你是其他民族的人，就會以你本民族的語言；如果你是旁生，那就會是旁生的溝通方式。包括諸佛菩薩的顯現也是如此，由於釋迦牟尼佛在印度出生，故以印度國王的裝束，作為佛的報身服飾；假如釋迦牟尼佛生於漢地或藏地，則定會以當地的服飾來莊嚴佛身。所以，眾生前所顯現的閻羅卒或佛菩薩，可以是不同形象。）它們感受極其強

⑥《六趣輪迴經》云：「謂法說非法，無根而誹謗，令他生熱惱，墮極炎熱獄。」
⑥中劫：《俱舍論》云：「中劫即從無量歲，直至人壽十歲間，最終上增為一次，彼等壽即八萬間。」也就是指從人類無量歲減至十歲，再從人壽十歲上增到八萬歲之間，如是壽量一減一增，合成一中劫。
⑥皮火筒：藏族燒火的工具，用動物皮製成，在火周圍吹氣可助火燃旺。

烈的痛苦，只能發出淒慘號叫的聲音，身體卻顯露不出來。

這些眾生不斷萌生想要解脫的念頭，可是解脫之日卻遙遙無期。有時候它們認為火門稍稍打開了一點而企圖逃之夭夭，結果又遭到獄卒用鐵弩、棍棒、鐵錘子等一頓毒打，口中也被灌注沸騰的鐵水等，需要飽嘗前七種地獄的所有痛苦。故《親友書》云：「如是一切痛苦中，無間獄苦最難忍。」

此地獄為何被稱為「無間」呢？有幾種解釋方法：一、指強烈的痛苦無有間斷，一直在不斷感受；二、造此罪業的眾生，死後不需要經過中陰，直接無間墮入此地獄；三、由於再沒有比這更強烈的痛苦了，所以稱為無間地獄。

壽量：無間地獄的有情，壽命長達一中劫。

那麼，轉生無間地獄的因是什麼呢？造過殺父、殺母、殺阿羅漢等五無間罪；或者入密乘後對三恩德上師[69]產生邪見、不恭敬，並進行毀謗，一直沒有懺悔，這種人將投生於這一地獄，而以其他業力絕不會轉生於此。

《六趣輪迴經》中也說[70]，殺害父母、師長、德賢者（上師阿闍黎）的人，會轉生於無間地獄。還有些論典說，包括違犯密乘的根本戒，對金剛道友懷恨在心、製

---

[69]三恩德上師：賜予密宗灌頂、續部、竅訣的上師。
[70]《六趣輪迴經》云：「於父母師長，及有德賢者，起增上殺害，定墮無間獄。」

造矛盾，沒有懺悔的話，罪業也很嚴重，跟無間罪基本上相似。

我們即生中殺父母、殺阿羅漢，這種情況不一定有，但有些人已入了密乘，今天找這個上師灌頂、聽密法，明天找那個上師灌頂、聽密法，到了最後卻誹謗上師，這種行為很可怕。當然，有些情況可能是上師有問題，根本沒有密法的傳承，也不具備灌頂的資格，只為了達到某種目的而欺騙他人；但有些情況卻是弟子有問題，對於具足法相的上師，沒有在眾人面前讚歎你，或者你相續中邪見深厚，對上師的種種行為不能接受，就開始肆意毀謗，不但自己生邪見，還通過語言的渲染讓許許多多人也生邪見，這樣你將來必墮無間地獄。所以，造惡業其實很容易，如果沒有好好懺悔，無間地獄離你並不遙遠。

前不久我們剛學了「壽命無常」，知道自己沒把握五十年、一百年不死，甚至明天不死的保證也沒有，今天活在人間非常幸福快樂，可是再過一天或下一個月，會不會已墮入無間地獄時時感受無量痛苦，這很難說。因此，我們應當經常監督自己、觀察自己，盡量不要造毀謗、欺騙別人等不善業，在力所能及的範圍內行持善法，並於有生之年中，精進念誦金剛薩埵心咒，觀想在金剛薩埵為主的諸佛菩薩面前，將想得起、想不起的種種罪業發露懺悔，否則，惡業種子不燒毀的話，以後很

容易墮入地獄。

因此，我們在觀修「輪迴過患」的過程中，一定要對這些教義有堅定不移的信心。有了這樣的基礎，再修一些密法竅訣也有希望。否則，你口頭上說已證悟了大圓滿，實際上自己造的無數惡業沒有懺淨，全部堆積在阿賴耶上，最後兩眼一閉的時候，大圓滿竅訣還沒來得及用，就直接墮入了地獄，這豈不是自欺欺人？因此，每個人務必要謹慎！

大圓滿前行廣釋（三）附大圓滿前行實修法

第四十一節課

第四十二節課

《前行》正在講地獄的痛苦，其中八熱地獄的痛苦已介紹完了，今天開始講近邊地獄：

己二（近邊地獄[71]）分五：一、煻煨坑地獄；二、屍糞泥地獄；三、利刃原地獄；四、劍葉林地獄；五、鐵柱山地獄[72]。

「近邊地獄」在藏語中的意思，指無間地獄周圍的地獄。而漢地有些經典中，將其譯為「遊增地獄」，意即地獄眾生從無間地獄或八熱地獄中出來以後，遊蕩到此，倍增苦惱。

按照此處的觀點，無間地獄的四方，各有煻煨坑、屍糞泥、利刃原、劍葉林四個近邊地獄。東方四個、南方四個、西方四個、北方四個，共十六個。東南有一座鐵柱山，同樣西南、西北、東北各有一座鐵柱山。而有些經論中則說，不僅僅是無間地獄周圍，而是八熱地獄中每一個地獄的周圍，都各有四個近邊地獄。

關於近邊地獄的種類，《觀佛三昧經》中描寫了許許多多，如十八寒地獄、十八黑暗地獄、十八小熱地獄、十八火車地獄、五百億劍林地獄、五百億銅柱地

---

[71]按照《心性休息》的觀點，近邊地獄中除了以下四個地獄外，還有一個無灘河地獄。
[72]有些佛經中，又稱之為銅柱地獄。

大圓滿前行廣釋（三）附大圓滿前行實修法

獄、五百億鐵機地獄等等[73]。由此，我想到了上師如意寶講《前行》時提過：「這裡所講的十八大地獄，只不過是大致歸類，實際上每個地獄眾生的心識不同，所造的業不同，感受的果也完全不同，因此，地獄的景象應該有無量無邊。就像在這個世界上，各個國家、地區對眾生懲罰的法律都不同，故監獄的狀況也千差萬別一樣。」

不過，此處所宣講的地獄之苦，主要是根據《正法念處經》、《長阿含經》、《毗奈耶經》中的描述，故地獄的歸類基本上相同。

前面講了無間地獄的痛苦。其實，密乘中還有一種叫「金剛地獄」，它的痛苦和壽量，遠遠超過顯宗所講的無間地獄，轉生於此的人皆為破密乘誓言者。

現在的人特別喜歡求密法，雖然這很好，但大多數人接受密法灌頂後，根本不問所需要守護的誓言。如果你是吃一頓飯，吃飽喝足就可以了，不需要擔心還有什麼，但聽密法可不是這樣，所以你們很多人尋找上師時，首先一定要觀察，聽了密法之後還要守護誓言，比如二十五條根本戒、八條支分戒，及大幻化網五條根本

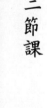

[73]《觀佛三昧經》云：「所謂苦者，阿鼻地獄，十八小地獄，十八寒地獄，十八黑暗地獄，十八小熱地獄，十八刀輪地獄，十八劍輪地獄，十八火車地獄，十八沸屎地獄，十八鑊湯地獄，十八灰河地獄，五百億劍林地獄，五百億刺林地獄，五百億銅柱地獄，五百億鐵機地獄，五百億鐵網地獄，十八鐵窟地獄，十八鐵丸地獄，十八尖石地獄，十八飲銅地獄，如是等眾多地獄。」

戒，這些誓言必須要遵守，否則確實很危險。

說實在的，現在有些顯宗法師一直說不要學密宗，我覺得這也沒什麼不對的。如果你根基不夠、不學誓言，就像在顯宗中你只是受沙彌戒、比丘尼戒，卻根本不去學戒，這樣一來，你破了戒都不知道，最終這些迅速成就的因，反而是墮入地獄最快的因。所以，學密宗一定要先了解誓言，破了誓言的話，必定會墮入金剛地獄。《明誓言續》中講了金剛地獄的各種痛苦㉔，《大幻化網釋》也說：「縱然這個器世界遭到毀滅，金剛地獄眾生的痛苦也不會窮盡，它們一剎那又會轉移到其他世界的金剛地獄中，繼續感受痛苦。」

在密乘誓言中，有兩條是最為重要的：一、凡是跟你一起接受灌頂的人，叫做金剛道友，金剛道友間必須和睦相處，不能對其天天毀謗、生嗔恨心，甚至打架鬥毆等；二、對自己的根本上師或金剛上師要尊重、恭敬，假如你今天在上師面前聽密法、受灌頂，過段時間又因一些私人小事，開始對上師進行毀謗，即是破了密乘誓言。

現在有些人的行為特別可怕，他們接受灌頂之後，又到處說自己搞錯了，從此對上師不理不睬，好像對待仇人一樣。其實這並不是世間的感情，你可以今天不

㉔《明誓言續》云：「失毀根本破誓者，不勤恢復之方法，下墮金剛地獄中，所有普通之地獄，痛苦合一亦不及，彼獄十萬分之一。」

大圓滿前行廣釋（三）附大圓滿前行實修法

理、明天理；今天結婚、明天離婚，過兩天又復婚、再離婚，怎麼反反覆覆都無所謂。而佛法中的師徒關係，不是想離就離、想誹謗就誹謗、想拋開就拋開的，一旦處理不慎，就會在你的阿賴耶上，種下對生生世世危害極大的種子，所以這一點不得不注意！

庚一、煻煨坑地獄：

無間地獄的眾生，由於業力有所減輕，走出無間地獄之門。此時它們看見遠處有一片黑漆漆的涼蔭或妙壕，然後滿心歡喜疾步前往，準備在那裡乘涼休息，結果卻陷入了劇烈燃燒的炭火坑裡，被燒得骨肉焦爛，痛苦不堪。

那麼，轉生於煻煨坑地獄的因是什麼呢？《六趣輪迴經》中云：「依止出離道，而不護禁戒，墮煻煨獄中，肢體皆消爛。」主要是居士或出家人明明依止了出離道，受了居士戒或出家戒，但卻不好好守護禁戒，以此即會轉生於該地獄，整個肢體被燒得焦爛。

此外，《佛說立世阿毗曇論》[75]中也說，往昔曾把眾生活活扔進火坑、熱砂、火炭中，或者出家後破戒之人，都會招致這種痛苦[76]。

---

[75]《佛說立世阿毗曇論》：十卷。陳・真諦譯。又名《立世阿毗曇藏》、《天地記經》。收在《大正藏》第三十二冊。本書敍述了天地世界之建立，及有情世間之相狀。主要是宣說小乘的佛教觀，跟《長阿含經》的旨趣大同小異。

[76]《佛說立世阿毗曇論》云：「昔行何業受此果報？昔在人中取有命眾生，擲置火中，或熱灰中或熱砂中。或邪淫他婦過世法則入他境界，或出家破戒行住坐臥僧伽藍中……以此業報於中受生。」

所以我們也該想一想，墮入燼煨坑的因自己造了沒
有？如果造了「因」，則「果」必定會成熟。因此，我
們沒死之前一定要懺悔，不懺悔清淨的話，就像中毒之
人若未解毒，遲早都會送命一樣，我們所造的業早晚會
給自己帶來痛苦。

庚二、屍糞泥地獄：

從燼煨坑地獄中解脫出來的有情，看見遠方有一條
潺潺不息的河流，因為在前一大劫毀滅期間一直身處火
堆中備受煎熬，所以感到口乾舌燥、渴到極點，一見到
水不禁喜出望外，飛奔前去飲用。可是到了近前，哪裡
有什麼水啊？結果陷入了人屍、馬屍、犬屍等腐爛屍體
臭氣沖天、到處彌漫昆蟲的污泥內，淹沒過頭頂，具有
鋒利鐵喙的昆蟲群起而上、競相啄食，真是苦不堪言。

那麼，轉生於屍糞泥地獄的因是什麼呢？《六趣輪
迴經》中云：「矯現諸威儀，苟求邪活命，墮屍糞獄
中，為蛆蟲啄食。」主要是生前通過詐現威儀，在人前
裝出一副修行人的樣子，欺騙眾生享用信財，以邪命養
活，那麼死後一定會墮入屍糞泥地獄。

《佛說立世阿毗曇論》中還說⑦，往昔把有生命的眾
生，扔進糞坑等不淨處，或者轉生為人時啖食生命，或

---

⑦《佛說立世阿毗曇論》云：「昔行何業受此果報？昔在人中取有命眾生，
擲置糞坑或不淨處，乃至溝瀆以此業報於中受……昔行何業受蟲食啖困苦果
報？昔在人中或令蛇狗蜈蚣鱷之屬，齧嚼有命眾生，或起惡心受用五塵。
由此業報於彼中生，受鑽破食啖如是等苦。」

令蜈蚣等撕咬其他小動物，也會招致這種痛苦。

　　現在大城市裡的人，每天聚在餐廳裡，歡歡喜喜地吃活蹦亂跳的蟲類、魚蝦，以及各種動物的肉。即生中你倒是吃得很開心，但再過幾十年，你死後變成這些眾生，牠們會來吃你的，這種冤冤相報是決定的。可遺憾的是，他們造了這麼多的惡業，卻從來感覺不到，還自認為有錢有勢，過得特別快樂。

　　前兩天我去紅原等地放生，那裡的藏族牧民比較富裕，但殺生的行為特別特別可怕。由於受到經濟社會的衝擊，很多年輕人的因果觀念日益模糊，而金錢至上的原則，在他們腦海中顯得格外重要。他們不管是買摩托車、買轎車、買房子，處處都覺得需要金錢，而這些金錢卻建立在無數眾生的生命上。現在藏地殺生現象極為嚴重，漢地大城市裡就更不用說了，許多有錢人僅僅是活一天，也能造下無數年在地獄中拔不出來的業，沒有好好懺悔的話，恐怕你閉了眼之後，在前面等待著的唯有地獄。

　　然而，現在人往往意識不到這一點，他們平時非常擔心的，只是：「我老了以後怎麼辦？有沒有醫療保險、養老保險？」甚至我跟有些佛教徒交談時，他們也從不擔心來世墮入惡趣，唯一貪執的就是今生。其實對真正的修行人來講，今生短短幾十年，怎麼樣過都可以，畢竟房子修得再好、轎車買得再貴，也不可能陪著

你生生世世，一旦離開了這個人間，緊緊跟隨你的只有業力。

所以，前輩的大德和修行人特別重視來世。最近，我在看智悲光尊者的弟子——無畏盔甲、無畏如來芽尊者的傳記，他們在修行過程中，特別怕來世的輪迴、因果，除此之外，覺得什麼都不重要。相比之下，現在很多修行人，包括比較有名氣、有財勢的出家人，似乎從來不關心這些，平日裡談論的只是金錢、地位，這樣的確不是修行人。

通過這次修學《前行》，希望更多的道友應該看破世間，從內心中對來世墮入地獄產生恐懼。若能如此，你即生中肯定會注意取捨因果，否則，什麼怕的概念都沒有，修行就會流於一種形象。

現在很多人喜歡攀大法，天天追求最高的竅訣，但你若沒有修好加行，尤其是現在所講的共同加行，再殊勝的法對你也沒有用。假如高法真的對每個人有利，那我絕對不會吝嗇的。儘管我自己修得很差，但以前在大恩上師面前得過很多傳授，文字上、理論上應該會講。只要對大家真正有利，我作為大乘修行人，即使自己墮入地獄，也願意給大家大量地傳密法、大量地灌頂。（灌頂，我有點不太會，但也不是特別難，學一兩天應該就可以。）可是這樣有利無利呢？以我這麼多年的修學經驗來看，沒有基礎而高攀大法，確實如修空中樓閣。因此，對你們

大圓滿前行廣釋（三）附大圓滿前行實修法

每個人而言，現在最有利的是要打好基礎，尤其是明白人身難得、壽命無常、因果不虛、地獄可怕之理，只有這樣，修行才不至於誤入歧途。

我認識一些老修行人，他們平時口口聲聲說的，就是「我會不會墮入惡趣啊」，一想起惡趣便特別害怕。而現在的修行人，對此好像沒什麼感覺，這是不行的！我個人修行雖然特別差，但也確實害怕墮地獄，有時候看到一些佛號功德中說，念了它能不墮惡趣，我就特別高興，馬上要念這個。前不久我翻了過去的筆記，裡面講到一個咒語，法王曾說念了就不墮惡趣，我非常興奮，一直念了很長時間……因為我心裡很清楚，不論是今生還是前世，自己肯定造了不少墮地獄的業，現在通過念佛號、念咒語或修行，就有辦法不墮惡趣的話，這是最好的保障，一定要好好修持。

大家通過學習《前行》，希望以後也要有一種修行的願望，不要去追求短暫無實的名利。同時，應當相信來世是漫長的，這個道路特別可怕、痛苦，因此，務必要依靠修行加以斷除。

前兩天有個發心人員說：「我在這個部門特別痛苦，實在是受不了，好折磨、好傷心啊！」但是你在那邊吃得好、穿得好，跟地獄眾生比起來，有什麼痛苦的？真正的痛苦就在地獄中。現在有些人在感情上、地位上，稍微遇到一點點挫折，就認為天塌下來了，這樣

也沒有必要。人間的種種痛苦，再怎麼樣也忍得了，而地獄裡的痛苦，才是真正的苦不堪言，但又因業力現前不得不忍。所以，大家一定要注意！

庚三、利刃原地獄：

從屍糞泥地獄中解脫出來的有情，看到一賞心悅目的青青草原，便欣然前往。結果遇到的卻是一片兵器所成的利刃原，整個大地長滿了形狀如草、鋒利燃火的鐵刺。右腳踏在上面，右腳被戳穿；左腳踩下，左腳被刺透。由於眾生的業力所致，當腳抬起時又恢復如初，再度踩踏之時又如前一樣被穿透，痛苦難忍。

《瑜伽師地論》中也描述過此地獄的慘狀⑱，比如下腳時，雙足的皮肉筋骨全被刺爛，腳抬起來時又平復如初，連傷口的痕跡都沒有，再踩在地上時又同樣遭受痛苦。

那麼，轉生於利刃原地獄的因是什麼呢？《六道伽陀經》⑲中云：「若人說邪道，破正法為非，滿道排鋒刃，令彼往來行。」如果有人宣說邪道，破壞正法、為非作歹，那麼當他死了之後，所踩的道路會排滿鋒利的利刃，由於業力所驅，不得不在上面踩來踩去。

漢文《大藏經》中確實有一些很好的教證，希望漢

⑱《瑜伽師地論》云：「次屍糞溼無間有利刀劍，仰刃為路。彼諸有情為求舍宅，從彼出已遊行至此，下足之時，皮肉筋血悉皆消爛，舉足之時還復如故。」

⑲《六道伽陀經》：宋朝中印度土沙門法天譯。宣說六道相之偈頌，與《六趣輪迴經》類似。

大圓滿前行廣釋（三）附大圓滿前行實修法

地的法師、學者、修行人盡量翻閱這些經論。從歷史上看，不管在唐朝還是宋朝，許多著名的譯師，如菩提流支、鳩摩羅什、真諦、法天、施護、法護等，都是印度人。除了玄奘等極個別譯師以外，大多數都是從印度來中國翻譯佛經的。不過，現在好像沒有這種現象了，許多印度人來中國只是在這邊開飯店，賣一些比薩、印度咖喱，或者在有些大賓館裡，專門負責開門、關門、開車門，而真正來這裡傳教布道、作思想上交流的，基本上看不到了。

記得80年代，印度的奧修大師曾轟動一時，當地人將他與佛陀、甘地、尼赫魯等，並列為改變印度命運的十位人物之一。後來奧修去了美國，由於他的學說相當開放，融合了儒教、佛教等各派思想，故早期在美國特別受歡迎，短短幾年時間裡，他的信徒已達30萬。然而，由於他極力鼓吹性自由，公開反對婚姻的承諾，破壞了許多家庭的和睦，並通過各種手段聚斂錢財，以致遭到了美國政府的驅逐和監禁，最終在西方聲名狼藉。

我也看過他的一些觀點，他聲稱耶穌、穆罕默德和佛陀只會使人背離正道，世界上只有他的宗教才是唯一正確、唯一可信的……從很多言論上看，好像跟有些邪教沒有什麼差別。1990年他在印度死去，有人說他的死因是在美國曾被下毒。

現在的印度，勞務性輸出比較多，而思想性、技術

第四十二節課

158

性的輸出，幾乎沒有了。在往昔，不管是漢傳佛教、藏傳佛教，均起源於印度。到了印度之後，且不說釋迦牟尼佛，就是後來的二勝六莊嚴，以及千千萬萬智者們的思想，也是世界上其他任何學說、宗派都無法比擬的。在座的很多知識分子，以前也學過種種知識，但接觸到釋迦牟尼佛的智慧後，每個人不得不口服心服、恭敬接受，這是不可否認的事實。

因此對於印度，我們應該有份感恩之心。尤其是漢地的《大藏經》，大多數是印度人來中國學漢文，然後進行翻譯的，這種恩德確實非常大——那天我看到有位仁波切，他召集了印度和西方的一些翻譯家，準備用25年的時間，把《大藏經》都翻譯成英文，這種發心也很偉大。

以前法王去印度時，我們跟印度人交流過，但感覺上，他們對婆羅門教、印度教比較熟悉，常有一部分智者定期、不定期地開些研討會，除此之外，真正弘揚佛教的思想，把它傳至中國、美國或其他國家的人卻很少。所以，每個不同的時代中，出現的人物可能也不同吧。

相比之下，在當今這個時代，把佛法傳至歐美國家的，反而是藏地的高僧大德。並非因為我是藏族人，就對藏族百般讚歎，而事實上，的確是藏地很多仁波切和大德，通過講經等各種方式，讓原來根本不懂佛陀真理

大圓滿前行廣釋（三）附大圓滿前行實修法

的無數西方人，逐漸認識到了佛教的殊勝。

　　總之，在座的道友有時間應翻閱《大藏經》，尤其是了解一下宣說輪迴痛苦、業因果的道理。那裡面講得特別好，而且都是佛語，若能背誦下來，經常提醒自己哪些業會墮入什麼地方去，平時就會倍加小心，對自己也有一種約束。

　　庚四、劍葉林地獄：

　　從前面地獄中剛解脫出來的眾生，又看到一片枝繁葉茂、舒心悅意的森林，（前兩天我看了個《森林之歌》，裡面介紹了新疆、雲南的一些森林，並說現在市場上琳琅滿目的水果，它們的故鄉就是森林，介紹詞寫得很好。若是我們人間的森林，可以讓人去休息乘涼，可地獄中的不是這樣，那裡是什麼樣呢？）當它們興高采烈地狂奔而去，哪裡有什麼悅意的森林？遇到的卻是一片劍葉林，只見鐵樹上長著許多葉狀的利劍等兵器，隨風擺動，將這些眾生碎屍萬段，之後恢復如初，又再度割截，它們就這樣感受著被切割的痛苦。

　　《瑜伽師地論》中也說⑧⓪，地獄眾生到森林裡準備坐下休息時，業力的風就開始吹動，樹上的枝葉統統變成利刃墜落下來，將它們的身體斬截成一段一段，感受無量的痛苦。

---

⑧⓪《瑜伽師地論》云：「次刀劍刃路無間有刃葉林，彼諸有情為求舍宅，從彼出已往趣彼蔭，才坐其下微風遂起，刃葉墮落，斫截其身一切支節。」

那麼，這是什麼果報所致呢？《六趣輪迴經》中云：「若陰謀害他，墮彼劍葉林。」假如以不良的心行謀害別人，以此果報就會墮入劍葉林地獄。還有《立世阿毗曇論》裡講[81]，生前喜歡打仗，用刀等兵器傷害別人，也會墮入此地獄中去。

現在很多人特別喜歡兵器，不過，漢地稍微好一點，要想身上別著刀、持著槍，國家法律也不允許。而藏地可能是業力現前吧，這方面比較差。前段時間，我家鄉那邊就有個人，跟別人也沒有多大仇恨，就用刀子砍死了他。這種拿著兵器殺人的人，定會墮入劍葉林地獄，感受無數次的被斬殺，非常可怕！

庚五、鐵柱山地獄：

這裡是毀壞梵淨行、破戒律的出家人或行邪淫的在家人轉生的地方。由於業力的牽引，它們來到陰森可怖的鐵柱山前，這時聽到山頂上昔日苦苦愛戀的女人[82]呼喚自己。《正法念處經》中說[83]，她打扮得特別漂亮，用媚眼含情脈脈地看著你，用嬌柔動聽的聲音喊你的名字，

---

[81]《立世阿毗曇論》云：「昔行何業受此果報？昔在人中行鬥戰事，與人刀仗遣令鬥戰，作如是言：汝等用此器仗取彼國土。長圍四合聚集多人肆意殺害，由此業報於彼中生。」
[82]地獄眾生若是女人，就會見到昔日苦苦愛戀的男人呼喚自己，下面也以此類推。
[83]《正法念處經》云：「而此罪人，見彼樹頭，有好端正嚴飾婦女。如是見已，極生愛染。如是婦女，妙鬘莊嚴，末香塗身，塗香塗身，如是身形第一嚴飾。身極柔軟，指爪纖長，熙怡含笑，以種種寶莊嚴其身。種種欲媚，一切愚癡凡夫之人，見則牽心……然彼婦女以欲媚眼，上看彼人，美聲語喚，先以甜語作如是言：念汝因緣，我到此處，汝今何故不來近我？何不抱我？」

大圓滿前行廣釋（三）附大圓滿前行實修法

並說：「念在我倆昔日的情分上，我特意來這裡看你，現在你也見到我了，為何不來親近我、擁抱我？」聽到這些甜言蜜語，地獄眾生的習氣復甦，實在是忍不住，冒著生命危險向山上攀登（有些眾生明明知道危險，有些也不一定知道）。結果因為業力現前，山上的樹葉全部變成朝下的兵器，身體被這些兵器刺穿，內臟、腸子掛得到處都是，從皮肉到骨髓之間均被切割斬碎。當它筋疲力盡地爬上山頂，身體恢復如初，此時烏鴉、鷹鷲等飛禽又前來啄食它的眼油，乃至身體的一切支分[84]。

此時，又聽到山腳下傳來呼喊它的聲音，它便一如既往地向山下奔去，所有的樹葉又轉向上方，從它的前胸刺入，徑直穿透後背。到了山腳下時，等候在此萬分恐怖的鐵男、鐵女，將它擁抱入懷，將它的頭顱活活吞入口中細嚼慢嚥，並不時從嘴角兩邊流出白色的腦漿……感受諸如此類的異常痛苦。

《正法念處經》中詳細描述了於此地獄感受果報的種種痛苦，並總結道：「何因故燒？邪欲為因。」也就是說，這些燃燒身心的苦因是什麼呢？即是邪欲。可見，我們的心特別可怕，若未以正知正念來守護，會讓我們無數次墮入地獄感受無邊的痛苦，故佛陀在最後提醒：「當知是心，不可信也。」

---

[84]《正法念處經》云：「炎嘴鷲鳥，即啄其眼。火燃刀葉，先割其耳。如是被割，唱聲吼喚。刀葉炎燃次割其舌，次割其鼻，如是遍割一切身分。欲愛牽心，如是到地。」

現在有些出家人、居士，願意放下一切，利用短暫的人生，一心一意地精進修行，這種選擇真的非常好。但有些人可能是業力現前，修行也不一定善始善終。以前就有一個人，她考慮三四年後出了家，結果出家沒過幾天，就因為遇到一些惡緣，一念之差又破戒還俗了。因此，眾生的業力特別可怕，有些人很想自己的善心不斷增長，但是由於業力深重，不但不能成功，反而成為墮入地獄的因。

所以，相信因果的人，要好好思維這些道理，之後應當注意取捨，用正知正念守護自己的戒體。現在人貪欲特別熾盛，很多家庭不和睦，不正當的行為太多了，其實這些在今生會給自己帶來許多痛苦，來世將成為墮入鐵柱山地獄的因，故不可不慎！

對於以上八熱地獄、十六近邊地獄和鐵柱山地獄的痛苦，我們經過一番詳細分析之後，要到一個寂靜的地方閉目觀想。其實修行需要這樣，對前面所講的道理要好好觀修。前段時間有個人拼命求我：「您可不可以給我講個觀修法？」我說：「每天講的共同加行，就是觀修法。」「這個不行，您要給我講另外一個觀修法。」我說：「無論到了什麼世界，我都沒有更好的觀修法了，這個就是最殊勝的觀修法！」

因此，很多人要有一種修行的理念，不能只是理論

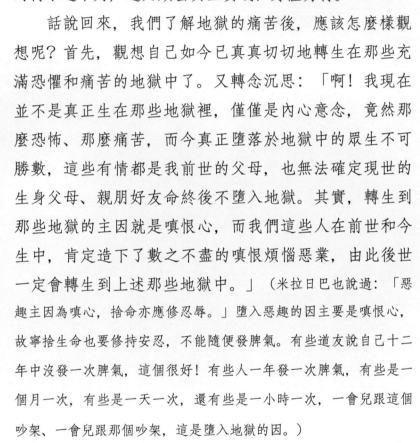

上明白就可以了。佛教史中講我們的傳承時，有理論的傳承、實修的傳承、口耳相傳的傳承等多種。其中，僅有理論的傳承還不行，一定要有實修的傳承；僅有實修的傳承還不夠，還必須去真正實踐、身體力行。

話說回來，我們了解地獄的痛苦後，應該怎麼樣觀想呢？首先，觀想自己如今已真真切切地轉生在那些充滿恐懼和痛苦的地獄中了。又轉念沉思：「啊！我現在並不是真正生在那些地獄裡，僅僅是內心意念，竟然那麼恐怖、那麼痛苦，而今真正墮落於地獄中的眾生不可勝數，這些有情都是我前世的父母，也無法確定現世的生身父母、親朋好友命終後不墮入地獄。其實，轉生到那些地獄的主因就是嗔恨心，而我們這些人在前世和今生中，肯定造下了數之不盡的嗔恨煩惱惡業，由此後世一定會轉生到上述那些地獄中。」（米拉日巴也說過：「惡趣主因為嗔心，捨命亦應修忍辱。」墮入惡趣的因主要是嗔恨心，故寧捨生命也要修持安忍，不能隨便發脾氣。有些道友說自己十二年中沒發一次脾氣，這個很好！有些人一年發一次脾氣，有些是一個月一次，有些是一天一次，還有些是一小時一次，一會兒跟這個吵架、一會兒跟那個吵架，這是墮入地獄的因。）

接著觀想：「如今我已獲得暇滿人身，並有幸遇到了具有法相的上師，聆聽了甚深竅訣，擁有行持佛法成就佛果的機會，此時此刻務必要下決心：為了從今以後不轉生於那些惡趣，一定要鍥而不捨地努力修持！」每

個人要有這樣的決心。這個也沒必要詳細解釋，只要你有心、有智慧，反反覆覆地讀幾遍，就會領悟到其中深意。假如你對華智仁波切的金剛語都沒感覺，那我這個凡夫的胡言亂語，你就更不會相信了。

總之，我們要再再思維上述道理，對以往所造的深重罪惡誠心懺悔，並立下堅定誓願：「今後縱然遇到生命危險，寧死也絕不造墮落地獄的惡業。」一方面這樣懺前毖後，一方面對現在身陷地獄的有情生起強烈悲心而發願：「但願這些眾生當下從惡趣中解脫……」

尤其是誠如華智仁波切所言，我們前世的父母親友如今正在地獄中受苦，為什麼呢？因為他們幾乎沒造什麼善業。看看今生的父母親友就知道，不要說往生極樂世界，就連下輩子獲得人身的善業，他們也沒造過，因此死後必定墮入惡趣。為了救拔這些正在受苦的地獄眾生，我們共同念觀音心咒：

嗡瑪呢巴美吽……

給瓦德意涅德達	我今速以此善根
賢瑞熱望拉措哲嘉內	成就聖者觀音尊
桌瓦秋將馬利巴	令諸眾生無一餘
壇嘉德意薩拉括巴效	悉皆安置於此地

以上的道理，要以圓滿加行、正行、後行來修持。在《前行實修法》中，每一引導文都要求以三殊勝攝

持，這樣的修法在《前行備忘錄》中也經常強調，但今天因為時間關係，後面這一部分我不廣講了。

不過，你們每次聽到這些地獄痛苦，最好能去實地修持，觀想自己若真轉生於那些地獄，會感受何等的痛苦。然後看自己活著的時候，上述這些因造了沒有，如果造了，不懺悔就定會成熟。所以，該懺悔的有些業，必須要好好懺悔。

確實，懺悔相當重要。《長阿含經》云：「云何二法趣向惡趣？一謂毀戒，二謂破見。」倘若你入佛門後破了戒，或者捨棄以前具有的正見，沒有好好懺悔的話，勢必會墮入惡趣。所以，我們佛教徒一定要相信因果，切莫因業力現前、環境影響，而造下可怕的惡業。當然，要想在什麼環境中都不動搖，前提必須要精進實修，比如這次修學了《大圓滿前行》，大家心裡要有一種轉變，這個很重要！

第四十二節課

第四十三節課

關於地獄的痛苦，前面講了八熱地獄、近邊地獄，今天開始講八寒地獄之苦。

講這些地獄的痛苦，旨在讓四眾道友了解，在這個世間上我們肉眼看不見的地方，存在著極為痛苦的眾生。一旦了解了地獄的苦狀，我們定會心生怖畏，回顧自己以往所造的惡業，誰也沒有把握死後不轉生到那裡受苦。所以，每個人應該觀察自己會不會墮入地獄，如果會，就要趕緊懺悔，不然，死亡何時到來是很難說的。

這一點每個人都要考慮。正如很多大德所言，我們獲得人身本就不易，如今遇到了具相上師，得到了殊勝竅訣，更是多生累劫積累的福報，如果現在不精進修持，死後兩手空空地往赴中陰，隨業力之風而墮入三惡趣，這實在是太可惜了！地獄、餓鬼、旁生的難忍痛苦，並不是現在所能想像到的，但從我們行持的微薄善法、所造的無邊惡行來看，誰也不敢保證自己將來不會感受那種痛苦。

如今不學佛的人特別多，學佛的人即使有一部分，但包括出家人，常觀想輪迴痛苦並心懷恐懼、隨時隨地害怕墮落的，也寥寥無幾。大家不妨觀察一下身邊，真正的修行人又有多少？然後再看看自己：學佛之前你怎

大圓滿前行廣釋（三）附大圓滿前行實修法

麼做的？學佛之後有沒有觀過輪迴痛苦？這些值不值得觀想？該不該觀想？……我們不是旁生，只要有吃有穿、生活有著落就可以了，而作為一個人，我們更需要考慮的，是自己要隨業力前往後世，後世和現在一樣害怕痛苦、希求快樂，倘若現在不用修行來維護自己，將來必定會感受漫長的痛苦。所以，修行確實十分重要，而若要修行，前提必須是通曉最基本的佛理。

　　現在大多數不信佛教的人，認為地獄不存在，即使有確鑿的依據足以證明其存在，他們仍然置之不理，沒有任何理由地去否認，這固然是一種愚蠢。而那些承認地獄存在的佛教徒，想當然地認為自己不會墮入其中，似乎地獄只是嚇唬孩童、警戒別人的所在，與自己毫無關係，這種想法更為可悲。其實，不管是什麼樣的人，今生、前世、前世的前世……都曾在阿賴耶上埋下了無數惡業種子，一旦這些惡業成熟，那時只有規規矩矩地去感受痛苦。

　　所以，在我們有時間的時候，一方面要通過念百字明、金剛薩埵心咒等方法，好好懺悔以往的罪業，同時，以後盡量不要再犯。當然，凡夫人的習氣根深蒂固，加之有時定業成熟，誰也沒把握從此不造一點罪業，但從現在開始，至少不能再像以往那樣放逸，而應小心謹慎地對待因果。否則，你造了業的話，最後只有自己去承受。

下面講寒地獄的痛苦時，希望大家不要像世間學者或考古學家一樣，只是字面上了解一下，而不認為自己包括其中。我們作為修行人，應將每一個道理對照自相續觀察：「我犯過這種錯誤沒有？如果犯過，下一輩子會不會墮入地獄？如果墮入地獄，能否受得了那些痛苦？現在我在人間時，夏天四五十度就特別苦惱，寒冬臘月在外面待一會兒也難以忍受，天氣稍微轉涼時，不加衣服就冷得發抖……那地獄的痛苦比這嚴重無數倍，如果我真的墮入其中，該怎麼辦呢？雖然今天我還活著，但很可能突然出事就離開了人間，到那時，在業力的支配下直接墮入寒熱地獄，會是怎麼樣的痛苦？」

每個人在修行的時候，一定要對地獄有種毛骨悚然、恐懼害怕的感覺，若能如此，說明你對輪迴的痛苦有所領悟。否則，聽到極樂世界的功德也無所謂，聽到地獄的痛苦也無畏懼，那你的修行肯定出了問題。

已三、八寒地獄：

寒地獄的位置，據許多論典中描述，一般是在南贍部洲之下。如《瑜伽師地論記》[85]中說：地面以下三萬二千由旬，是第一個寒地獄（具皰地獄），依次往下，每隔兩千由旬就有一寒地獄[86]。不過，《阿毗達磨藏顯宗

---

[85]《瑜伽師地論記》：又名《瑜伽論記》，二十四卷，收於《大正藏》第四十二冊。乃糅錄諸師有關瑜伽師地論之釋文。
[86]《瑜伽師地論記》云：「八寒地獄高廣各十千，從此入地過三萬二千量有初寒獄，向下復隔二千由旬，有七寒獄周圍傍住。」

大圓滿前行廣釋（三）附大圓滿前行實修法

論》[87]中言，寒地獄並非在地面以下，而是在圍繞四大部洲的鐵圍山之外的一個極黑暗世界[88]。所以，各個論典的說法不太一樣。

關於寒地獄的數量，《正法念處經》、《俱舍論》中說是八種，而《長阿含經》、《立世阿毗曇論》則說是十種。雖然寒地獄的位置、名稱、數量說法不盡相同，但只要眾生造了相應重罪，的的確確就會墮入其中。因此，我們先應了解寒地獄的受苦狀況，然後再反反覆覆地思維、觀修。

（一）具皰地獄：

通常而言，寒地獄處在雪山、冰川的環抱中，到處狂風四起、暴雪紛飛，居此地獄的眾生赤身露體，遭受非常難忍的寒凍之苦，身體上不時長出水泡，由此稱為具皰地獄。

我們學院的冬天特別寒冷，若不穿得嚴實一點，可能身上會凍出水泡。好像東北也是這樣，以前我去的時候，就有人告誡我：「您一定要用衣服包好，不然會凍出水泡來。」在藏地，冬天確實非常冷，無畏盔甲在傳記裡說：「石渠的夏天美似天界，冬天則如寒地獄一般。」我們色達也是這樣，夏天漫山遍野都是鮮花，可以與天堂相媲美；而在冬天，尤其是十二月份左右，簡直可謂滴水成冰，許多道友都很害怕。

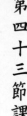

---

[87]《阿毗達磨藏顯宗論》：又名《顯宗論》，印度眾賢造，唐玄奘譯。四十卷，收於《大正藏》第二十九冊。

[88]《阿毗達磨藏顯宗論》云：「此寒地獄，在繞四洲輪圍山外極冥暗所。」

現在我們這裡很多人已在準備過冬的衣服、牛糞了，還有些人在裝修房子，這是很有必要的。否則，天那麼冷卻一直忍著，想做些事情也很困難。雖說人間的寒冷和寒地獄的無法相比，但有些地方也有相似之處，可以借此去啟發思維。

（二）皰裂地獄：

水泡慢慢破裂而形成皰瘡傷口，由此稱為皰裂地獄。

具皰地獄、皰裂地獄二者，《大智度論》中稱為「頞浮陀（少多有孔）地獄」、「尼羅浮陀（無孔）地獄」，《長阿含經》中稱為「厚雲地獄」、「無雲地獄」，名稱不太相同。但在《光明童子因緣經》中[89]，寒地獄的名稱與《前行》、《心性休息大車疏》中講的基本一致。

（三）緊牙地獄：

有情難以忍耐寒冷的折磨，禁不住牙關緊咬，由此稱為緊牙地獄[90]。

（四）阿啾啾地獄：

有情不斷發出呼寒叫冷的聲音，由此稱為阿啾啾地獄[91]。

阿啾啾，意為好冷啊。以前有位大天比丘，曾造過三個五無間罪，他生前給人講經說法，令很多弟子證悟了

大圓滿前行廣釋（三）附大圓滿前行實修法

---

[89]《光明童子因緣經》云：「皰地獄、皰裂地獄、阿吒吒地獄、呵呵鑠地獄、虎虎鑠地獄、青蓮華地獄、紅蓮華地獄、大紅蓮華地獄，如是等八寒地獄。」

[90]緊牙地獄：也叫安嘶吒地獄、呵羅羅（寒顫聲）地獄。

[91]阿啾啾地獄：也叫虎虎婆地獄、阿婆婆（患寒聲）地獄。

阿羅漢果。在他圓寂後，有次他的一個阿羅漢弟子到施主家應供，在洗手的時候，這個弟子想：「不知道上師轉生到什麼清淨剎土去了？」於是以阿羅漢的神通來觀察，結果發現大天比丘墮入了寒地獄，但他自己根本不知道，只是在不停地說：「阿啾啾、阿啾啾，我的房子怎麼這麼冷啊……」看到這些，這位弟子想馬上做佛事，搭救上師。但等他洗完手後，再一觀察，發現大天比丘因為傳法的功德，已轉生於三十三天了——這樣很好哦！他自己都不知道墮入地獄了，只是覺得好冷，結果很快就解脫了。

大天比丘在世時，他的眷屬多達十萬。我講《薩迦格言》時也說過，據歷史記載：釋迦牟尼佛涅槃之後，沒有一個凡夫能像大天比丘一樣攝受如此眾多的眷屬。

（五）矐矐婆地獄：

有情呼寒叫冷的音聲已經間斷，只能呼呼呼地長聲歎息，由此稱為矐矐婆地獄㉒。

（六）裂如青蓮花地獄：

有情的皮膚凍成青色，裂成四瓣，由此稱為裂如青蓮花地獄。

（七）裂如紅蓮花地獄：

皮下之肉凍成紅色，並凍裂成八瓣，由此稱為裂如紅蓮花地獄。

（八）裂如大蓮花地獄：

㉒矐矐婆地獄：也叫睺睺（亦是患寒聲）地獄。

皮下之肉凍成黑紅色，裂成十六瓣、三十二瓣或無數瓣，由此稱為裂如大蓮花地獄。淪落在此地獄的有情，凍裂的傷口中爬入許多鐵喙的昆蟲咬噬著，同時還要遭受寒凍之苦。

上述有八種全然不同的痛苦，所以才安立了八種名稱，這些統稱為「八寒地獄」。

轉生八寒地獄的因是什麼呢？有些經論中說，讓眾生在寒冷的冰或水裡凍死，即會轉生於此地獄。我看海邊那些捕魚為生的人，很明顯在造這種業。他們用機器從海裡撈出無數魚蝦，然後直接放入冰箱，把那些眾生活活凍死。以前我隨法王去普陀山時，就看到船上放了好多特別大的冰箱，裡面冰凍了不計其數的魚。這些業，絕對是墮入寒地獄「最好」的因。現在，漢地這樣的人特別特別多。

也有些經論說：若有人剝眾生的衣服，令其受寒冷逼迫，死後將墮入寒地獄中㉝。

《本生論》㉞中還說：「斷無見者於後世，當住寒風黑暗中。」持斷見而認為因果、前後世不存在的人，死

㉝如《佛頂尊勝陀羅尼經教跡義記》云：「若人劫剝眾生衣服，令他寒凍，受如是報在此獄中。」《佛頂尊勝陀羅尼經教跡義記》，唐代法崇撰，收於《大正藏》第三十九冊。

㉞《本生論》：由聖勇菩薩所造，另有說前四卷由聖勇菩薩造，後十二卷由寂變、聖天造，現收錄於《大正藏》第三冊。屬於《噶當六論》之一，其餘的則是《莊嚴經論》、《菩薩地》、《學集論》、《入菩薩行論》、《集法句論》。博朵瓦尊者生前對《噶當六論》相當重視，修學這幾部論後，必會樹立起堅定的因果正見，法王如意寶對他們這一傳統極為讚歎。

後將墮入黑暗的寒地獄，感受無量無邊的痛苦。現在的持斷見者，尤以無神論最為嚴重，其觀點可讓無數眾生直墮寒地獄。你們有些當過老師的，尤其是講過唯物論的，以前可能大力宣揚過因果、輪迴不存在，天堂、地獄不存在，讓成千上萬的人受到影響，摧毀了他人相續中的善根，這些都是寒地獄之因。

此外，毀謗聖者也是寒地獄的因。《立世阿毗曇論》中云：「瞿伽離比丘，墮波頭摩獄⑨，誹謗大聲聞，舍利及目連。」提婆達多的弟子瞿伽離比丘，之所以墮入大蓮花地獄，原因就是毀謗了聖者舍利子和目犍連。這個公案，在《大智度論》中講得比較清楚：

瞿伽離平時因受提婆達多的影響，對舍利子和目犍連的言行舉止常生邪見。一次，舍利子和目犍連剛結束安居，雲遊至某個國家時，忽然遇到大雨，他們便到一做陶器的舊舍裡過夜休息。當時他們不知道，已先有一女人在此舍的暗處睡下了。此女人在夢中生貪心，流失了不淨，於是第二天一早去沐浴。

這時被瞿伽離發現了，便問：「你昨晚睡在哪裡？」她說：「我住在陶師家。」又問：「當時還有誰？」她說：「還有兩位比丘。」正在此時，恰好見到舍利子和目犍連從屋裡出來，瞿伽離就認定他們做了不淨行，並在僧眾中及國內各處公開毀謗。

---

⑨波頭摩獄：即大蓮花地獄。

174

當時梵天勸告並制止他，說兩位聖者絕不可能做這種事，但他不聽。後來，佛陀也親自勸他不要誹謗，並再三呵斥，但他仍固執己見，並起座離去。（可見，眾生業力現前時，不要說其他人，就算是佛陀親自去勸，有些人也聽不進去。）

後來，他回到房中，渾身生瘡潰爛，當天夜裡就死了，死後墮入大蓮花地獄。由此，佛陀對僧眾們宣說了八寒地獄的壽量長短、受苦狀況等。《大智度論》13卷中對此有詳細描述，你們有興趣的話，可以去翻閱。

總之，寒地獄的因主要有三種：一是持斷見，一是毀謗聖者，一是讓眾生在寒冷中死去。《經律異相》₉₆中也說：如果毀謗聖者，死後會墮寒地獄₉₇。因此，毀謗像目犍連、舍利子那樣的阿羅漢，肯定會墮入寒地獄。而從廣義上講，最初發了願菩提心和行菩提心的人，也可以叫聖者，如《入行論》云：「倘若生起菩提心，即刻得名諸佛子₉₈。」因此，我們盡量不要毀謗任何人。

除非你是執事或管家，為了僧團的戒律清淨等原因，不得不說。此外，即使你真發現了一些事情，沒有特殊必要，也不要隨便去講。畢竟眼見的也不一定真實，以前我講過，人們總認為「眼見為實」，但有時因

---

⑨⑥《經律異相》：五十卷，梁代釋寶唱等集。收在《大正藏》第五十三冊。
⑨⑦《經律異相》云：「極寒風吹身脹滿，如四種相受苦呻吟。以謗賢聖故，墮彼四種地獄，於一切時受無量苦，是一切大寒地獄。」
⑨⑧佛子就是聖者，在藏文中，二者是一個詞。

大圓滿前行廣釋（三）附大圓滿前行實修法

心裡先入為主的觀念作怪，眼睛見到的可能並不是真相，若是隨便亂說，很容易讓自己造下惡業。

佛陀曾於經中再三強調「意清淨，身清淨，語清淨」，我們三門若能得以清淨，活在世間也有了意義。現在很多居士口口聲聲說別人過失，其實你根本沒有資格，假如過失說得太多，受害的只能是自己。試想，那個人若是地地道道的凡夫，而且你說的也千真萬確，從世間角度來講也未嘗不可。但對方若是聖者的化現，那怎麼辦呢？古往今來，許多聖者看上去瘋瘋癲癲，但他們的內證功德不可思議，倘若你因為短短幾分鐘的語言，就要在千百萬劫中墮入寒地獄，遭受無量的痛苦，太不值得了！

所以，這方面大家應該好好思維，看在這個世間到底要怎樣生活才真正有意義。現在大多數人不了解生活的價值，認為只要家庭快樂、腰纏萬貫、吃穿不愁就可以了。其實這樣的理念，不要說人類，就連螞蟻都有。螞蟻也想把窩做好，有吃、有穿——咦，螞蟻穿不穿衣服？有點說錯了，應該是有吃有喝。不過，有些年輕螞蟻還是穿高跟鞋，你看，好多居士點點頭，他們肯定見到過！（眾笑）

言歸正傳，八寒地獄眾生的壽量如何呢？二百藏升⑨的大盆裡裝滿芝麻，具皰地獄的每一百年從中取一粒

⑨藏升：為革薩拉城市所用容量單位。

芝麻，直到將所有芝麻全部取完，才是具皰地獄眾生壽量結束的時刻。其餘地獄次第呈二十倍遞增，從上而下壽量越來越長，痛苦越來越強，也就是說：皰裂地獄的壽量是具皰地獄的二十倍，緊牙地獄的壽量是皰裂地獄的二十倍……依此類推。如《俱舍論》云：「芝麻器中每百年，取出一粒至窮盡，即是具皰地獄壽，餘壽漸成二十倍。」《心性休息大車疏》中也引用《正法念處經》云：「此革薩拉城中秤芝麻之斗二百倍量之容器盛滿芝麻，每百年從中取出一粒，取盡之時，起皰地獄之眾生於此獄壽盡也。餘地獄壽量漸次增二十倍，以此類推，需受劇苦也。」

接下來，我們還是像前面那樣，結合自相續而觀修這些寒地獄的痛苦。怎麼樣觀修呢？首先觀想：在我們人間，寒冬季節一絲不掛、赤裸裸地在外面停留一瞬間，尚且也無法忍受寒冷的痛苦，假設真正轉生於那些地獄，又怎能忍受得了呢？所以，對於自己相續中的罪業，一定要懺前戒後，並對已淪落到地獄中的有情生起大悲心。

這樣觀修應該不難。以前有些上師也親自修過，比如在冬天最冷時，不穿衣服或穿得很少去感受那種寒冷。實在忍受不了的時候，要麼就想「我以後墮入寒地獄怎麼辦」；要麼想「我正在寒地獄中親身感受痛苦」；要麼想「雖然如今我沒轉生於寒地獄，但從無始

以來，我所造的業中肯定有許許多多寒地獄之因，沒有把握將來不會墮落，我該怎麼辦呢」……在觀修的時候，應該這樣反反覆覆地思維。

之後，跟前面觀修熱地獄一樣，再想：「噢，我現在並未墮入地獄，懺悔還來得及。如今我遇到了具相上師，聽聞了殊勝佛法，並轉生在業力之地的南贍部洲，如果修持就有機會改變，故我應當好好懺悔！從現在開始，以後絕不再造墮入地獄之因。」懺悔的同時，還要想到：「這樣小小的寒冷，我現在都忍受不了，那麼無始以來我父母、親戚、朋友所造的業特別可怕，他們很多人肯定正在寒地獄受苦。」於是對他們生起難忍、強烈的悲心。然後一直閉目觀修。

其實，《前行實修法》中的每一個引導文，若與這裡的內容對應著修，效果可能比較好。當然分開修也可以，不管怎麼樣，你們一定要修。要知道，修行與理論完全不同，理論只是文字上懂了，知道寒地獄如何如何，但不觀修的話，內心不會有很大觸動。如果你能實地觀修，到了一定時候就會感到：「這的確不是理論上的空談，我死後真會轉生到那些地方！」有了這種感受，你白天也會害怕，晚上做夢也會害怕。

前天晚上，我夢到自己墮入了餓鬼界，特別可怕，當時一直想辦法轉變，但這種業力怎樣都改變不了……醒來以後，我的心還在怦怦跳，覺得自己可能即生或前

世造了業，這是下一輩子要墮餓鬼的相兆。這兩天也有點害怕，天天念金剛薩埵，但不一定能改變什麼。

其實我們活在世間，一切就像做夢一樣，沒有多大意義。很多人把眼前的名聞利養看得特別重，為達目的不擇手段，卻不知死後在極為漫長的時日裡，為此要感受種種果報。畢竟人的壽命特別短，死後會換成完全不同的世界，不一定再有藍天白雲、茵茵綠草，到了那時，哪怕你是國家總統、聯合國秘書長也沒有用，只有隨業力而感受相應的果報。

那麼，這一切可不可以挽救呢？若能在死之前，抓緊時間精進懺悔、修行佛法，將來即會給自己帶來快樂，除此之外，親朋好友也救不了你，財富地位也幫不上忙，唯一能依靠的只有正法。這一點，沒修行過的人不一定感受得到，但假如你長期修行，到了最後關頭，必定會明白此言不虛，這從很多傳承上師的身上也看得出來。

所以，我們不要一味忙於毫無意義的瑣事，尤其是大城市裡的人，儘管生活壓力很大，有時候也不得不面對，但心裡不能沒有一點佛法。現在有些人不學佛，有些雖然學了，但完全是形象上的，佛法根本沒有融入心，只是做個樣式罷了。這些人真的非常可悲，最終的命運會怎麼樣也不好說。

總之，剛才所講的道理，每個人務必要思維，不

然，光是字面上理解了沒有用。而思維之後一定要修，一方面想自己轉生到地獄裡怎麼辦，另一方面，觀想正在地獄受苦的眾生很可憐，它們怎麼能忍受得了？從而對其生起無法抑制的大悲心……如前一樣具足加行、正行、後行來實修。

己四、孤獨地獄：

孤獨地獄的命名，有些論師認為：「因為獨一無伴、孤苦伶仃，故稱為孤獨地獄。」但這種說法，無垢光尊者不承認。他在《心性休息大車疏》中講過⑩，曾有五百比丘共同感受孤獨地獄之苦，因此，此地獄並不是以數量微少而安立的。

孤獨地獄的處所沒有固定性，痛苦也是變化不定。有的夾在山岩間，有的困在磐石內，有的凍在冰塊裡，有的煮在沸水中，有的燒在烈火內……

現在科學也證明，有些無情物是有生命的。我在《佛教科學論》中講過：美國生物學家巴斯特通過實驗發現，有些植物也有情感的反應。其實在佛經裡，早就提到過這一類問題，如《毗奈耶經》中說，阿羅漢目犍連到海邊去時，見到許多孤獨地獄的眾生，有些在石頭裡，有些在樹木裡，以各種無情物的形象感受無量痛苦，於是他悲哀地說：「三有無安樂，孤獨地獄眾，分

⑩《心性休息大車疏》云：「經中記載：晝辛吉尊者去往一處時，見到在一經堂內擊揵槌後，有五百聲聞相眾生集中便互相爭吵、以兵器殘殺，死盡無餘。午齋時過又恢復如初。」

別為苦迫，如住熾火中。」

以前我買過一本《奇趣大自然》，裡面也介紹了一些非常希有的事物。比如，在法國與西班牙交界處的比里牛斯山中，有一塊會哭的岩石，天氣晴朗的午後，它會發出像女孩一樣的哭聲，所以被稱為「哭岩」。

還有1997年的一則新聞中報導：在緬甸北部的森林裡，有一塊會「哭」的奇異岩石，平時它寂靜無聲，與一般岩石沒什麼區別。但每逢陰雨，它就會發出像人類哀號般的哭泣聲。

如今學院在修覺姆大經堂，最近幾天總是陰雨連綿，影響施工，所以一下雨，我就很傷心，擔心無法如期完工。有時候我想：如果我突然死了，會不會轉生到石頭裡，一到雨季就發出哭聲啊？畢竟業力不可思議，就算變成了那樣的眾生，也是不難理解的。

其實，孤獨地獄的眾生，現實生活中有時也能看得到。比如在2006年，山東有個姓李的石匠，他常上山開採石頭，有次劈開一塊大青石，發現在密不透風的石頭中，竟然活著兩隻小蟲。從科學角度來看，在密閉的石頭裡，生物根本活不了，但這兩隻蟲卻活得很好。根據《本草綱目》記載，石頭裡長的蟲子叫

「石蝦（ha）蟲」，據說特別值錢，能治療眼疾。李石匠得知後，就悄悄將這兩隻蟲藏了起來。後經醫學界、科學界等各方研究，沒有得出任何結論，至今仍是一個謎。（在我們看來，以世間的方式肯定也得不出結論。）

法王如意寶去加拿大時，海邊也有許多奇怪的石頭，這種石頭的形狀有點不同，當地人一看就認識。他們說，石頭裡面應該有生命，因為若把它靜靜放在一處，它自己慢慢會滾動。但這生命具體是怎麼樣的，他們也講不清楚。

地獄眾生除了夾在石頭裡以外，有些還凍在冰裡，就像藏地有些魚，冬天在冰裡凍僵了，但夏天一到，牠們又活過來了；有些煮在沸水裡，如榮索班智達在《入大乘論》中講過，有種火鼠生活在火裡，或者有些眾生活在100度以上的開水裡，但始終燒不壞、燙不死；有些眾生藏在樹木裡，當樵夫砍伐樹木時，牠們的肢體被千刀萬剮，受盡苦難；還有些轉生為人們日常使用的杵臼、笤帚、瓦罐、門、柱子、灶石、繩子等形象，以識蘊感受這些苦楚。

（我們平時的門、掃帚，表面上看是無情物，但也許是地獄眾生變的，被使用時就特別痛苦。當然，也並不是所有的門都是孤獨地獄眾生，不然等會兒下課後，你們回去不敢開門了——「啊，這是地獄眾生！」）

下面用這兩個公案描述孤獨地獄的眾生：

1、大成就者卓滾朗吉日巴[101]在雅卓耶湖中看到的魚。

關於雅卓耶湖的來歷，據說以前益西措嘉空行母在此修行時，苯波教徒投來一枚金幣，空行母以神通將此變成一個湖。

另有一種說法是，雅卓耶湖原本只是九個小湖，空行母益西措嘉擔心湖中許多生靈乾死，就把七兩黃金拋向空中並祈願、誦咒，將所有小湖連為一體，變成了現在的雅卓耶湖。

也有歷史說，在益西措嘉空行母還沒來的時候，這個湖已經形成了。相傳在很久以前，這裡只是個泉眼，附近住著一家富人，家中的傭人叫達娃。一天，達娃在泉邊救了一條小金魚，小金魚變成美麗的龍女，送給達娃一個如意寶。主人發現後，硬要達娃帶他到泉邊，把龍女叫出來。達娃不願意，主人就將其推進泉裡淹死了。此時龍女出現了，發起大水淹沒了富人，從此這裡就形成了雅卓耶湖。

從拉薩到雅卓耶湖，大概有一百多公里，從雅卓耶湖到尼泊爾邊界有八百多公里。這個湖是四大名湖[102]之一，面積為678平方公里。它的源頭起自得龍剛親（地

大圓滿前行廣釋（三）附大圓滿前行實修法

---

[101]卓滾朗吉日巴（1128－1188）：修持七年七月七日證悟法相，並創立了拉樸寺。
[102]四大名湖：馬法木湖、納木湖、青海湖、雅卓耶湖。關於這四大名湖，佛教有佛教的講法，民間有民間的精彩故事。

名)，盡頭流入賊瑪格熱（地名），中間湖岸線有250公里，要歷經數日的路程。

以前法王如意寶去印度時路經此湖，我看到它的第一眼，就覺得特別美，趕緊拿出照相機左拍右拍。法王見後訓斥道：「你們這些人，天天拿個照相機拍什麼？到一個聖地的時候，首先應該要發願！」從此我再也不敢拍了。後來，法王在那裡念一些經，並講了《前行》的這個公案：

一次，大成就者卓滾朗吉日巴，向湖中觀望，隨後竟然悲泣著說：「哎喲喲，千萬不要享用信財[103]！千萬不要享用信財！」

弟子迷惑不解地問：「上師，到底發生了什麼事？」

尊者悲哀地說：「在這條湖泊中，一位享用信財的上師神識轉生為孤獨地獄的一條大魚（有些旁生看起來是旁生，實則為孤獨地獄的眾生），牠正在感受眾多痛苦。」

弟子請上師示現給他們看。於是尊者大顯神變，頃刻間使此湖乾無一滴。這時，眼前出現一條巨鯨，龐大的軀體遍及整個湖泊，身上密密麻麻布滿了數不勝數的含生在爭相蝕食，只見牠痛苦難忍而滿地翻滾。

弟子問：「承受此惡報者，是誰的轉世？」

上師開始講述：「這是後藏黑馬喇嘛的轉世。後藏

---

[103]信財：信眾供養的財物，此中也有亡財之義。

184

那位黑馬喇嘛，咒力和加持力非同小可，對於鬼迷心竅的人，只需看上一眼就會立竿見影見效，成了前後藏四翼⑩地區眾所周知的供養處。他超度亡人只念一聲『啪的』，便開始收取大量牛馬等牲畜，他死後轉生為這條大魚。」（這個人肯定很出名！不像有些大德，在拉薩一帶比較出名，但康區、安多沒聽說過；有些在青海一帶很出名，但是康區不知道。過去交通、信息不發達，就更不容易被發現了。但這個黑馬喇嘛，整個西藏四翼無所不知，可見是非常出名了。）

因此，有些上師接受亡財之後，不好好超度的話，下場肯定很悲慘，因為死者的財富很難以消受。而我們作為普通的出家人，這方面更值得注意了，該超度的要好好超度，如果你接受了亡財，就應盡量用於三寶所依或有意義的方面，千萬不要用來做非法之事，否則果報很可怕！

---

⑩前後藏四翼：古代藏文典籍中，藏地為上中下三區。上區阿里，中區衛藏，下區青康。

185

第四十四節課

在共同加行的「輪迴過患」中，第一個是講地獄之苦。前面已介紹了熱地獄、近邊地獄、寒地獄及孤獨地獄的一部分，今天繼續講孤獨地獄的痛苦。

講這樣的輪迴痛苦時，大家首先要認認真真地聽。聽了以後，千萬不能只停留在字面上，認為字面上理解了，修行也就到位了，這種想法不合理。看看前輩大德的傳記和歷史，他們在修行過程中，哪一位不是一步步次第修持？而哪一次的修持不是滿懷歡喜？他們那樣重視修行、重視次第，確實讓人極為欽仰。

上師如意寶一生的行持，也為我們作出了極好的表率。在上師畢生的事業中，講經說法與聽聞佛法始終是最重要的環節。這一點，我們作為傳承弟子，務必要銘記於心。雖然現在因為眾生福報淺薄，上師在這個所化世界示現了圓寂，但他的豐功偉績仍留存於人間，讓我們後學者可以去學習、去效仿。

我本人而言，自接受這個傳承的教法以來，始終把學習佛法、修行佛法作為一生最重要的事情。學院很多道友也是如此，聽聞佛法的意樂非常不錯；而城市裡的道友，我通過各種途徑了解，大多數人也很好。儘管他們生活在紅塵中，需要面對許多問題，壓力非常大，散亂因素又多，但仍能抽出時間聽受佛法，的確相當不容易。

大圓滿前行廣釋（三）附大圓滿前行實修法

不過，有些人也並不是因為那些客觀原因，就以自己的事情影響別人學法，這個過失非常大！所以我再次希望，個別組長、輔導員或負責人，不要以自己的事情，耽誤大家學法。有些人今天要參加一個會議，就放棄了組裡二十幾個人的學習；有些人因為要出差，就讓大家自學一個月，其他什麼安排都沒有……這種現象，在個別負責人的身上比較多。如果你確實有特殊原因，我們也不會一概而論，所有的事情都不准許。但你們要想想，即使是一天的課受影響，過失也相當大，可以說斷了人家的慧命。

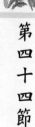

若是我決定今天不講課，首先要看是不是為了私人的事；如果不是，而是為了去放生，以更多地利益眾生，那我會暫時取消當天的課。除此之外，因為自己的小事，或身體有點不舒服，我從來也不會缺課，這是歷來的一貫原則。在我的記憶中，我每次若要下山，要麼是身體實在不行了，不看病就會倒下去，要麼是有其他非常特殊的原因，作了一定觀察後才出去的，此外從不會無故斷課。

但菩提學會的個別人，對安排好的課程，好像上也可以、不上也可以，想什麼就做什麼，全由組長一人決定，這樣不太好。如果是世間的一件事情，比如你去上班，只要領導不扣工資、不批評，你過一天算一天也可以，但學習佛法並非如此，還是有極為重要的因果在裡面。

在我們學院，就算有再大的事情，法師一般也不會

斷課，除非是病得實在太厲害，可能請一兩天假，此外，他們永遠把傳法擺在首要位置上——這就是上師如意寶的加持和傳承。所以，學院裡的輔導和學習，希望要繼續保持這一良好傳統；而外面大城市裡的人，即使不能跟學院一模一樣，也要盡力去做。據我了解，有些小組還可以，一學期中一堂課也沒有缺，好多道友都是如此；而有些小組可能是因果正見不夠，或者是定力不足，總是隨自己的意樂，三天打魚、兩天曬網，學習得有頭無尾，這種現象比較危險。

所以，我今天在此特別強調，提醒大家珍惜聞法的機緣。雖然我講得一般，但這部《前行》的內容對每個人來講，是必須知道、非了解不可的。無論你的智慧或修行境界如何，也不管你再怎麼忙碌，這次系統學習時，一定要傳承圓滿。

其實，學院的好多道友也並不輕鬆，他們要修行，要聞思，要發心，要念咒……有許許多多的事情。今天一個道友對我說：「加行也重要，聞思也重要，發心也重要，什麼都重要，我哪個都想抓，但有時候時間來不及。」他這種想法的確很好，一個人若有了意樂，那幹什麼都有希望。反過來說，假如你對加行沒興趣，對聞思也沒興趣，覺得什麼都是壓力，反而對世間法極有歡喜心，那可以說你已趣向惡道了。因此，每個人的方向掌握在自己手裡，上去或下去的關鍵，也在於自己。

大圓滿前行廣釋（三）附大圓滿前行實修法

這次講《前行》，我個人而言，算是有史以來最廣的，以後也不會這麼廣講了。你們聽受之後，要對每一層內容詳詳細細去思維，這樣對你們只會有利益，而不會有任何害處。

下面繼續學習孤獨地獄的第二個公案：

2、大成就者唐東加波所見石頭內的青蛙。

唐東加波尊者，是寧瑪派非常了不起的大成就者。歷史上說，他依止過五百位善知識學習顯密經續，並獲得一切成就，開取了許多伏藏，示現種種超越的聖者相。他在整個藏地造了58座鐵橋（像現在的瀘定橋，就是他以神通力建造的），並在各個關要之地修建了降魔佛塔。尊者於125歲示現圓寂，但其幻化身至今仍在各個地方出現。

有一次，尊者在一塊大石頭上修氣脈瑜伽，以他巨大的修證力量，結果石頭裂成兩瓣，裡面有一隻大青蛙（這是孤獨地獄的眾生），身體上粘附了無數的微小生靈在蝕食，只見牠張著黑洞洞的口，苦不堪言。

弟子問：「上師，這是怎麼回事呀？」

上師告訴他們：「這個眾生的前世，是一個作血肉供養的上師。」

往昔，藏地因受苯波教影響，確實有血肉供養的惡劣傳統。記得蓮花生大士來藏地時，國王赤松德贊問：「以血肉供養本尊、上師，這種現象是否如法？」蓮師

以極為不滿的語氣說：「這只會讓無邊眾生墮入金剛地獄，不得解脫。」並宣講了許許多多過失，比如今生以血肉供養，來世會變成惡鬼、屬鬼、凶神等等[105]。

自華智仁波切等大德出世之後，在他們的大力號召下，藏地許多地方的血肉供養已銷聲匿跡。但時至今日，靠近內地的有些藏區，又恢復了這一傳統。以前我去一個寺院時，它附近的村落中，逢年過節就會殺豬供神；人死後也要殺豬宰羊，然後大家集聚在一起，說這是對亡者的一種迴向。

而在漢地，此習俗更是蔚然成風。雖說人類的腳步已邁入21世紀，文明的浪潮席捲了全球，可在有些偏僻地方，仍固守著一些特別不好的迷信傳統，比如人死之後要宰殺一頭豬，並認為豬越肥，對亡人越有利，這完全是一種愚癡邪說。《地藏經》中講過[106]：若為亡人造殺生惡業，不但對他無絲毫利益，而且危害性相當大。甚至即使他原本能轉生善趣，但由於眷屬為他造了這些惡因，他也不能自由自在投生，獲得真實的快樂。因此，學了《前行》以後，各地一定要斷絕這些不良習俗。

1995年，上師如意寶由於生病，在成都郫縣的「國際大都會」住了好幾個月。有一次，我見某戶人家送亡

大圓滿前行廣釋（三）附大圓滿前行實修法

[105]詳見《顯密寶庫25—取捨明鏡》之《煙酒殺生過患》。
[106]《地藏經》云：「臨終之日，慎勿殺害，及造惡緣，拜祭鬼神，求諸魍魎。何以故？爾所殺害乃至拜祭，無纖毫之力利益亡人，但結罪緣轉增深重。假使來世或現在生，得獲聖分，生人天中，緣是臨終被諸眷屬造是惡因，亦令是命終人殃累對辯，晚生善處。」

人屍體時，帶著一隻公雞。我問他們是幹什麼用的，回答是：「把公雞宰了，讓牠陪伴亡靈渡過難關。」這簡直是一種瞎說！在你們每個人身邊，估計也有這類愚癡迷信的行為，希望大家能盡量幫他們糾正過來，畢竟家人親友死了以後，即使我們做不了什麼有意義的事，也千萬不要做那些對他有害的事。

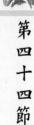

《法句譬喻經》中講過一則殺生供神的公案：佛陀時代，有位國王名叫和默處，由於他的國家地處偏僻，從來沒有見過佛陀，也沒有聽聞過佛法，所以一直信奉邪師外道，以殺生的方式來祭拜天神。

有一次，國王的母后生了重病，看了許多醫生，身體還是不見好轉。國王只好求教於兩百位婆羅門，婆羅門出主意說：「你要準備一百隻不同種類的旁生及一個小孩作為祭品，到城外偏僻的淨地宰殺後，以血肉供養祭祀天神，這樣太后的病就可痊癒。」國王聽了，馬上派人準備婆羅門所交代的祭品。一時間，大象、馬、牛、羊等許多旁生從東門出發，前往祭祀的地點，一路上發出悲哀、恐懼的號叫，聲音震動了天地。

佛陀得知這位國王為了要救一人的性命，竟要殺害這麼多無辜眾生，為其愚癡深感悲憫。於是帶領弟子來到這個國家，在東門外的路上遇見了國王與婆羅門，以及那些被驅趕的牲畜。

佛陀問國王要前往何處，國王回答：「按照婆羅門

的吩咐，我要把這些眾生全部宰殺，以祭祀天神，為母后祈福，希望她能早日脫離病苦。」

佛陀告訴國王：「人們想要得到穀子，就應先耕田播種；想要富貴，就應力行布施；想要長壽，就應心存慈悲；想得智慧，就應努力學習，這四件事都是種其因、得其果。而你卻背道而馳，以邪法為正，想要借由殺生獲得長壽，這不可能有真實的利益。」然後說了一偈：「若人壽百歲，勤事天下神，象馬用祭祀，不如行一慈。」意思是，若在一百年中精勤侍奉天神，殺害象、馬等眾生作祭祀，不如行持一次慈心的功德大。

佛說此偈時，身體放大光明，遍照一切苦難眾生。此時國王生大歡喜心，當下證得聖果。他母后聽聞了妙法，也心開意解，病痛消除。兩百位婆羅門心生慚愧，懺悔過錯，發願跟隨佛陀出家修行。從此之後，國王以佛法治國，國家日漸強盛興隆。這是佛經中一個很好的故事。

現在有些人常為了長壽而殺生，比如為了孩子健康成長，就殺雞宰羊給他吃，或者為了病人身體痊癒，殺生燉湯給他喝，這樣做不但對健康長壽無益，反而會適得其反。因此，要想長命百歲，就千萬不要殺生。前兩天我講過世界上最長壽的人，他活了256歲，一直都是吃素的。而在我們佛教徒中，有些人特別高壽，弘法利生也非常順利，多是因為兩種緣起：一是心懷慈悲，不會為自己殺害任何眾生，甚至不損害眾生一根汗毛；二是不食眾生肉，

大圓滿前行廣釋（三）附大圓滿前行實修法

所享用的食品非常清淨，以此不會沾染上各種疾病。

吃素的功德和食肉的過失，在《入楞伽經》[107]中有大量宣說。我們作為後學者，如果真看過、學過這些經典，那麼不說為了眾生，就算是為了自己，也會堅持吃素的。以前我寫《藏密素食觀》時，引用過《涅槃經》、《入楞伽經》等經論的教證，還引用了藏地許多大德的教言，記得其中有一段很感人：昔日，某集市上聚集著許多賣肉的商販，正巧米拉日巴師徒二人前往該地化緣。當時，一位屠夫剖開一隻山羊的胸部，那隻羊竟拖著露出體外的腸子跑掉了。牠戰戰兢兢地來到米拉日巴面前尋求庇護，尊者為牠念經加持，牠後來還是死去了。尊者悲傷地唱了一首道歌。惹瓊巴聽後，極為反感殺生吃肉之舉，並深深生起了強烈的厭離心。

高僧大德遇到一件事情，往往能改變他的一生。而世間上的凡夫人，卻對貪嗔癡的場面興致勃勃，很容易深入內心，別人唱一首流行歌曲，他馬上就唱得來；別人說些情感方面的故事，他馬上記得清清楚楚，而佛教方面卻正好相反，對自己生生世世有利的教言，記完就忘光了，猶如水過無痕。

所以，末法時代的眾生，確有很多不好的地方，好的善根或習氣一般很少。但不管怎樣，我們都嚮往解

---

[107]《入楞伽經》：又名《楞伽經》、《楞伽阿跋多羅寶經》。意為釋迦牟尼佛降臨楞伽島所說之經。

脫，想趣入涅槃之道，不能因為煩惱重就隨業緣而去，一定要維護自己、保護自己，盡量去行持善法。雖然我們不能像聖者那樣不造一點罪業，但每天至少也要抽出部分時間，盡心盡力地修行。若能如此，心逐漸就會變得堪能，應付外境的誘惑也不再有困難。所以，學習佛法之後，調伏身心是非常重要的事情。

華智仁波切在世的那個時代，藏地由於交通不便等原因，喇嘛吃肉的現象隨處可見。關於吃素方面，我在《藏密素食觀》裡也寫過，藏傳佛教確實不如漢傳佛教做得好，正因為如此，至今仍飽受眾多毀謗和指責，讓藏地大德去澄清這些不理解，也頗為艱難。因此，在座入藏求法的道友，對此一定要注意，不要因為來了藏地，就非要學會吃肉。在我們學院，凡是來求法的漢族四眾弟子，必須要長期吃素，這是多年以來的規定。如今，大家做得非常好，希望今後這不僅僅是我們學院的傳統，而且也能為整個藏地的高僧大德漸漸接受。

當然，任何事情在剛開始時，都會有一定困難，但這畢竟對眾生和佛法有利，希望大家還是要再三斟酌。尤其是藏地上師的漢族弟子們，對此也應該深深思維：假如你上師常常享用血肉，那對整個佛法、對你上師的事業、對你的修行有利還是有害？以前總有人說：「上師開許了，就不會有過失，上師加持了的肉可以隨便吃。」不過，現在這種說法比較少了，雖然有些上師顯現上還在繼續享用

大圓滿前行廣釋（三）附大圓滿前行實修法

195

血肉，但也沒有特別公開，這應該算是一個進步。

對藏地很多上師和僧人而言，要像漢地寺院一樣完全吃素，暫時恐怕比較困難。但近年來，因為學院及各地大德的影響，如今已不像十年前那樣，當藏地大德去漢地弘法時，居士們公開說些特別難聽的話了。所以，對眾生、對修行有利的事情，我們就應該發揚光大。

以前，華智仁波切對吃肉極力反對，他曾生動刻畫過有些喇嘛接受血肉供養的形象：「每當施主們宰殺膘肥體胖的羊隻，在咽喉或脾臟等內臟裡裝上血肉，放在脊椎骨的精肉上來供養這些喇嘛時，他們則拉起披單甩到頭後，接著便像嬰兒咂奶一樣，津津有味地吮吸著裡面的東西，又從懷中掏出小刀，慢慢悠悠地吃著外面的肉。當飽餐完畢的時候，嘴上油膩膩的，頭頂也是熱氣騰騰，簡直與餐前判若兩人，已成了紅光滿面、昂首闊步的形象……」

漢地在飯館吃肉的人，其實也跟這一樣，只是身分稍微改變一下就可以了。倘若今生這樣肆無忌憚地享用血肉，那後世定要用自己的身體來償還血債，到那時，孤獨地獄中不堪設想的痛苦也會「恭候」著他們。

既然吃肉有如此大的過患，那麼各方面因緣具足的話，作為居士，哪怕能斷一年的肉食，也有非常大的功德。即使實在不能吃長素，但一年一年逐漸減少吃肉，對你的身體也有好處，對肉味的貪婪也會慢慢減少。

而作為出家人，不但不能接受血肉供養，就算是享用太多信財，也需用自己的血肉償還。《釋門自鏡錄》中講過這樣一個故事：以前有位禪師，他修行不好，卻在一施主家接受供養多年。後來他死了，死後不久，那位施主院子裡的枯木上，忽然長了一種軟菌，味道與肉無別。他們每天都割來吃，割了以後又會長，很長時間一直如此，全家大大小小都欣喜萬分。

　　日子久了，周圍的鄰居知道了此事。有個鄰居就生了貪心，一天晚上，他翻牆過來，以刀割取軟菌。忽聽枯木以人聲說：「誰在割我的肉？我並不欠你什麼。」鄰居聽了很吃驚，問道：「你是誰？」答曰：「我是以前的某某禪師，因道行淺薄卻享用了此間主人太多供養，自己無法消受，只有用身肉來償還。你能否幫我還他一些財物，以減輕我的痛苦？」鄰居聽了很驚訝，將此事告訴那個施主，並送來一百碩米。從此之後，院裡的軟菌就不再生長了。

　　這是很值得現在修行人借鑒的！所以，我們接受財物供養時，一定要看享用它是否合理，不合理的話，哪怕自己再窮、再苦，也不能以詐現威儀的方式，或各種非理手段去欺騙別人。但現在有些出家人，根本不是聖者，也不是大成就者，卻偏偏給自己戴上「聖者」的帽

大圓滿前行廣釋（三）附大圓滿前行實修法

---

⑩《釋門自鏡錄》：二卷，唐代懷信撰，收於《大正藏》第五十一冊。搜集有關因果報應之故事，以警勸世人。

子，到處去矇騙信眾，從中謀取很多財物。這樣的人，縱然即生中過得很寬裕、很快樂，但命終之後，正如華智仁波切所說，孤獨地獄的大苦頭會在前面等著他。

因此，真正想維護自己的人，一定要觀察：「我是怎麼樣活著的？是否如理如法？」當然，過於害怕而不敢享用基本的生活資具，也沒有必要。但是過於貪婪，靠欺騙別人來過活，打著各種旗號騙信眾，說自己是大成就者的化現，「我有神通神變，知道你的前世」、「你的病我了解，你身上有個附體，只要我一加持、一瞪眼，它就被嚇跑了」……以諸如此類的語言騙人，也是一種邪命養活，實在很不好！

我們活在人間，生活一定要清淨，要對眾生和自己負責，至少應做到來世不墮入惡趣。可是大城市裡很多人，連地獄都不承認，故要制止他們的惡行，恐怕也無能為力。但不管怎麼樣，大家還是要努力，尤其在斷肉吃素方面，應該多學習一些教言，盡心盡力地觀察其中利弊。

關於孤獨地獄，再講一則公案：大堪布具德護法在德格期間，有一天對弟子們說：「你們今天去俄達河邊，河裡出現什麼都不要放過。」許多僧人就去河邊守候，一直到午後時分，才看到有一段樹幹隨波漂來。於是他們打撈上來，稟告上師：「除了這一截樹幹，其他什麼也沒有發現。「具德護法讓弟子劈開這段圓木，眾人驚奇地看到，

第
四
十
四
節
課

一分為二的圓木中有一隻大青蛙，身上有許多含生在吃著牠。上師為牠做了沐浴儀軌，念經做了超度，並說這隻青蛙是德格管理信財的監院——哦吉的轉世。

所以，寺院在管理財產時一定要注意，按《毗奈耶經》的觀點，供養僧眾、供養經堂、供養佛像、供養佛經的財物，都應該分清楚。聽說有些寺院接受供養後，隨便讓一個和尚做決定，這是特別可怕的事！我們在座很多道友，以後肯定有當大法師、大方丈、大知客的，到時候你一定要把信財用於三寶方面，千萬不能私自處置，或者贈予親朋好友。戒律中一再強調，僧眾的財產，要由僧眾決定。如果你想挪用任何財物，先要經僧眾共同商量，而你個人再有權力，也不能自作主張，否則會感受因果報應。

上師如意寶在世時，對此也極為重視，在不同場合中都再再講過：我們學院的財務科，動用任何財物時，必須先經僧眾商量，否則果報非常嚴重。但我看到現在極個別寺院，包括漢傳佛教、藏傳佛教的，可能是沒學過戒律吧，有些上師或方丈，把寺院的錢好像當成是自己的一樣，今天買什麼車，明天給什麼領導，後天給哪裡救災……只要一句話，就可以動用幾百萬、幾千萬。如果這是你私人的，那怎麼樣都可以，但若是集體的財產，果報就比較可怕了。《百業經》、《賢愚經》中，這方面的公案比較多。所以說，如今有權勢的法師或官

員們，想到那些地獄的痛苦，舉止言行也應小心謹慎，不能因為自己有權力，別人不敢說什麼，就隨心所欲、為所欲為，這在因果上是行不通的。尤其在這個世間上，還有一處肉眼看不見的地獄，這比人間最可怕的監獄，不知道要恐怖多少倍。因此，我們若有上述血肉供養和亂用信財等過失，一定要想盡辦法改掉。

聽說漢地某些地方，至今仍有血肉祭祀的傳統，這特別不好！在歷史上，商朝的祭祀最為殘忍，祭品中不僅有動物，而且還有活人（主要是男人）。古印度也曾有這樣的陋習，但後來逐漸消失了。在孔孟時代，人祭雖然不常見，但動物卻被作為主要祭品，比較常用的有六種：牛、羊、馬、豬、狗、雞。這些不好的傳統在有些地方還殘存著，以後一定要斷掉。我在《悲慘世界》裡引用過《中本起經》⑩的一個教證：「殺生祠祀，不得其福，天神不食，殺者得罪。」以殺生來作祭祀，絕得不到絲毫快樂、福報，因為喜歡善法的天神不會享用這種供養，而殺者自己卻因此造下無邊罪業。如此傳統若不斷除，將會導致地水火風的自然災害，同時也會為自身埋下許多危害和障礙。

我們這裡的道友，有些出家了，有些受了居士戒，可你們在此之前，恐怕造了不少惡業。究其原因，有的

---

⑩《中本起經》：二卷，東漢曇果、康孟詳合譯（一說康孟詳譯），收於《大正藏》第四冊。記述釋迦成道後教化之事蹟。

是由於傳統所致，有的是因為無明愚癡，有的則是貪嗔煩惱太重。不說大的，單單是蚊子咬你一口，你以嗔恨心把牠打死，這都是罪業。所以，每個人在臨死之前，的確要好好懺悔。

所謂的修行，並非只是外在形象，而要在內心獲得一種滋潤、柔和。這跟學術研究不一樣，學術研究只要了解到那個層面就可以了，而修行的話，最注重的是反觀自心，看到一段文字，不能只停在書本上，而要把它的內容與自心對照：「我以前犯過這種錯誤沒有？犯過的話，要想辦法懺悔得以清淨。以後還會不會再犯？若有可能再犯，那該怎麼樣制止它？……」如果這樣去觀察、去調伏自心，才是真正的修行人。

其實，不管在漢地還是藏地，只要是高僧大德、大成就者，都有這樣的控制能力。而我們這些始終流轉在輪迴中的人，卻總是隨外境、分別念而轉，從來不知道約束自己。即使偶爾看了一本好書、聽了一位上師的開導，最多也只是一兩天內有點改變，隨後又會恢復成老樣子，這樣不好！畢竟上師無法拿棍棒永遠護著你，一切都要靠自己。就像你小學讀完了，不可能退回去再讀一樣，你在學院依止上師也有一個限度，不可能恆常不變。有福報的人，可以依止十年、二十年；而其他的，有些是五六年，有些只有幾個月。但不管時間長短，都要將上師的教言融入於心，從有些大德的傳記中看，即

使是短時間內獲得的法要，也會讓自己受用一輩子。

　　所以，依止的時間長，也不一定就成就快。有些人依止上師很久了，卻似乎越來越麻木不仁：「唉，天天在那兒囉囉唆唆，沒什麼可聽的，還是做我的事吧！」於是，邊聽課邊在鍋裡炒菜——有沒有啊？可能有些人正在炒，聽到我的話就停手了。害怕了？開玩笑啊！不過也有可能的。

　　最後，華智仁波切又講了幾則孤獨地獄的公案：

　　往昔世尊在世時，所住城中有一位屠夫，晚上守持不殺生戒，而白天大開殺戒。他死後轉生到孤獨地獄，受的報應是什麼樣呢？夜晚身居舒心愜意的美妙宮殿，有四名花枝招展的美女供奉飲食、受用，快樂無比；到了白天，美宅變成了燃燒的鐵屋，四名美女則變成恐怖的花斑雜色惡狗來啃食他⑩。

　　另有一個邪淫者，白天守持不邪淫戒，晚上非法邪淫。死後墮入孤獨地獄，與前相反，白天盡情享樂，夜

---

⑩《根本說一切有部毘奈耶皮革事》云：「時長者子漸漸前行，日欲暮時，乃見化天宮處。有一天子，復有四天女，共為歡樂，遊戲天宮。其天遙見長者子，告曰：商主無病，汝有飢渴不？答言：甚飢渴耳。於時天子即令商主洗浴，供妙飲食，其夜止宿。至天晚已，於日出時，其宮變化，前四天女變為𧒎狗，捉此天子，覆面撲著於熱鐵床上，猛焰星流，食其背肉。復至暮間日欲沒時，還復變為天宮，狗乃變為天女。然長者子，眼親見已，情切怪異，即告彼天子曰：汝作何業今生此處？時天子答曰：商主，南贍部洲人多難信。長者子曰：我今目驗，云何不信？爾時天子說往昔業緣，以頌答曰：昔時白日損他命，夜則持戒勤修行，以此因緣生此中，今受如是善惡業。時長者子聞此頌已白言：頌有何義？天子答曰：商主，我往昔時在婆索村中，身為屠兒，常以殺羊賣肉，自養育身。時有聖者苾芻，名迦多演那，勸我改悔，勿造斯業，無有盡期。既勸不得，是時聖者，又復勸我，令夜持戒。我即依教。以此業故，今者白日受苦，為夜持戒，夜受如是快樂果報。」

間受盡苦厄。⑪（可見，即使在短暫的白天或晚上守一分戒律，也有很大功德和利益。）

這些是畫辛吉尊者親眼目睹的真事。

還有，在一座環境幽雅的寺廟裡，居住著五百比丘，每天中午擊犍椎⑫集聚僧眾供齋時，經堂即刻變成了燃燒的鐵屋，缽碗等餐具則變成兵器，僧人們開始互相毆打。供齋時間過後，又依然如故地各自分開，恢復到原來的狀態。這是什麼原因呢？以前迦葉佛時代，這些比丘在午飯時爭執不息，以此現前這種異熟果報。

以上八熱地獄、八寒地獄，共有十六個，再加上近邊地獄和孤獨地獄，合計起來有十八個，這就是通常所說的「十八層地獄」。我們應深入了解這些地獄的數目、壽量、所受痛苦、轉生原因等，進而對地獄有情生起悲心，並竭盡全力使自他一切眾生從此不墮地獄。否則，僅僅是浮皮潦草地聽一聽佛法，便置之不理，而沒有腳踏實地去修行，只會變成傲氣十足的佛教油子之因，成為聖者呵責、智者羞辱之處。

---

⑪《根本說一切有部毘奈耶皮革事》云：「復見天宮，有一天子，共諸天女歡喜遊戲。遙見長者子告言：商主，願爾無病，不有飢渴耶？長者子曰：我有飢渴。天子即令洗浴，設諸飲食，止息安臥。至日暮時，天宮復變，天女為大蛇，繞天子身，周匝食腦。至日出時，還復天宮，作天子形及以天女。其商主怪異，問彼天子曰：曾造何業生於此中？天子報曰：南贍部洲人，難化難信，我不能說。時長者子答曰：我目親見，云何無信？爾時天子說伽他曰：夜共他婦宿，晝日護尸羅，緣此業果故，受斯善惡報。時長者子問曰：此說何義？天子答曰：我曾往昔在婆索婆村中，常行淫欲，淫他女婦。後逢聖者迦多演那，勸我悔造非法惡業，我由不斷斯事。聖者復言，汝不常斷者，白日持戒，夜還行非。緣此事故，白日受天快樂，夜受苦報。」
⑫犍椎：打木、檀板，義譯聲喝，集合僧伽的響器之一。

此處講的很多道理，實際上值得我們深深思維。誠如龍猛菩薩所言：「即便見聞地獄圖，憶念讀誦或造形，亦能生起怖畏心，何況真受異熟果？」對於有善根的人來講，就算見到地獄的繪圖、聽到地獄的痛苦、憶念地獄的情景、讀誦地獄的描述，也會特別害怕，毛骨悚然，更何況是去親自感受那些痛苦了？因此，大家今後對因果一定要注意，同時對於這些道理，要踏踏實實去修持，不要有什麼傲慢心。不然，連基本的佛理都不懂，會鬧出很多笑話的。

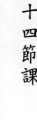

從前，一位儀表莊嚴、趾高氣揚的比丘，前去拜見上師揚仁波切。仁波切問：「你對佛法認識得如何？」

那位比丘自吹自擂地回答：「我對佛法無所不通、廣聞博學。」

上師又問：「那麼，十八地獄是指哪些呢？」

這時，比丘支支吾吾地答道：「八熱地獄、八寒地獄共有十六個，嗯……再加上噶瑪巴黑帽、紅帽兩個，總共有十八個。」

其實，這位比丘並不是因為不恭敬噶瑪巴，才將他們列入地獄的數目中，而是忘記了孤獨地獄、近邊地獄的名稱，由於當時噶瑪巴黑紅帽二位尊者大名鼎鼎，所以就隨隨便便算在了地獄的數目裡。如果到了這種地步，姑且不論求法修行，甚至連字面意思還是懵懵懂懂，實在是令人感到慚愧之處。

204

這種不懂裝懂之人，不僅在佛教中有，世間上也比比皆是。從前有個東北人到南方做官，當地鄉紳請他吃飯，讓僕人端上一盤菱角。他從來沒吃過菱角，又不好意思問，主人一再請他先嚐，無奈他只好拿起菱角，放到嘴裡去嚼。

主人看他連殼也沒剝就吃了，心裡很詫異，問他：「這菱角要剝了皮才好吃，你怎麼整個都丟到嘴裡了？」

他明知自己弄錯了，卻一本正經地說：「我剛剛到南方來，有些水土不服，連殼都吃掉了，為的就是清熱解火。」

主人搖搖頭，說：「我怎麼沒聽說過呢？你們那兒這東西很多嗎？」

那人答道：「多得很，山前山後到處都有長！」

主人聽後啞然失笑。

這種人明明無知，卻硬充內行，最終只能使自己受辱。故薩迦班智達云：「愚者學問掛嘴上，智者學問藏心底，麥秸漂於水面上，寶石沉沒於水底。」愚者常把學問掛在嘴上，似乎什麼都懂，而智者卻把學問默默藏在心底。正如麥秸總是漂在水面上，寶石卻自然會沉沒到水底。

又沒有時間了，就講到這裡吧！

大圓滿前行廣釋（三）附大圓滿前行實修法

六字大明咒

第四十五節課

下面繼續學習輪迴的痛苦，今天介紹餓鬼之苦。

在講之前，我想跟大家說明一下：現在的宣講方式，主要是採用古代的佛教修心方法。有些人把古代傳統統統貶斥為陳舊、落後，全部拋開、全部捨棄，這種做法不合理。作為人類，只有立足於傳統的基礎上，才能接受新知識，否則，將過去的東西完全拋棄，這無疑是一種極端。還有些人認為，新事物並無可取之處，唯有古代的東西最有價值，故對新的理念、知識、技術都不承認，這種做法也不對。無論是什麼樣的人，都應跟隨時代、與時俱進，不然就會被淘汰。我們作為佛教徒也是同樣，應該在古代傳統的基礎上，增加一些現代方式，否則，即使佛教的思想再殊勝，不與時代接軌的話，也很難被人們理解、接受。

然而，現在很多人常會墮入兩邊：有些人在學佛時，除了佛經論典的內容，新的公案、科技都不願接受，尤其是老一輩的修行人，許多觀念比較保守；而年輕一代的法師卻與之相反，他們對古代的修法、佛經的公案不感興趣，唯一強調的就是，佛教思想要符合時代思潮，否則不易被人接受。我個人認為，這兩種傾向都有點偏激，尤其是後者，若完全放棄佛經的內容，不提及壽命無常、輪迴痛苦，只是講些衣食住行的問題來應

大圓滿前行廣釋（三）附大圓滿前行實修法

付，那麼眾生勢必會因不明道理而造業墮落，從佛教的立場來看，這也是一種不負責任的態度。

因此，法師們今後傳法時，再怎麼把佛教人間化，引入一些所謂的系統化、信息化理念，也不能改變佛教的基本概念，不能不提三惡趣的痛苦、分類及轉生原因。如果把這些都改了，沒有交代清楚來世的苦樂狀況，僅憑你一己分別念，就算講得再好聽，實際上也是把眾生引入邪道。

所以這次宣講《前行》和《藏傳淨土法》，我基本上是依照古大德的傳講方式，以佛經的公案和教證作為根本，有時為了活躍氣氛、吸引大家的注意力，也順便加了一些現代事例。這種方式，或許個別人覺得死板，比如講餓鬼痛苦時，修行好的人可以入於其中，而修行不好的人，會覺得比較枯燥乏味，不如社會上的各種道理聽起來舒服。然即便如此，為了對眾生負責，我也不打算改變傳講方式，我會盡量把這些法的本意挖掘出來，以供養大家，相信這樣會對大多數人有利。

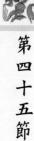

同時，之所以給大家講加行，也是希望不僅僅是我，你們在座的法師、居士，以後一旦有能力，想把佛法傳給別人時，也最好不要直接講些高深境界，而應先讓大家打好加行基礎，這是最穩妥的修行次第。

如今講三惡趣的痛苦，是為了引發大家對輪迴的厭離心。其實這種心並不難生起，有時依靠一種簡單的因

緣就可以。前不久有個道友問：「若想在相續中生起出離心，需要觀修粗大的無常，還是細微的無常？」當時我回答：「粗大的無常。」事後我又再三琢磨了一下，確實，許多大德因生起無常觀而出家，但他們當時不一定抉擇過萬法的微細無常。我們都知道，按照小乘的觀點，最微細的微塵和最微細的剎那是實有的，不承許為空性，但即便如此，也並不妨礙他們厭離輪迴而獲得解脫。因此，觀修粗大的無常，照樣可以生起出離心。

例如，密宗大成就者小蘇（色瓊·西繞札巴），最初生起出離心就很簡單。他在13歲時，家裡給他娶了個童養媳。有一次，小蘇在床上看經書，外面出現了洪水，妻子讓他趕緊想辦法。他就穿著妻子做的新內裙去擋水，辛辛苦苦弄了半天，累得汗流浹背。妻子見後，很不高興地說：「你怎麼把新衣服弄髒了？」小蘇一聽，心裡有點煩，說：「你考慮的不是我，只是一件衣服，那我不要了！」把裙子脫下來扔給她，頭也不回地就走了。妻子也很生氣，然後回家去了。經過此事之後，小蘇覺得輪迴毫無意義，由此生起了強烈的出離心。（當時他也沒觀察過剎那剎那的細微無常。）後面還有一段內容：妻子回去後怎麼樣鬧，兩人家產是如何分的……雖然是大德的傳記，但還是有很多細節的描寫，顯現上就像世間人吵架、離婚、復婚一樣。不過這些方面，你們好像也沒興趣聽，所以我就不講了。

大圓滿前行廣釋（三）附大圓滿前行實修法

總之，不管是觀壽命無常、輪迴痛苦，一定要對輪迴上上下下生起猛厲的厭離心，這就是我們修學的目的。若能如此，儘管你表面上在吃飯、走路、睡覺，離不開基本的生活資具，但心裡對這些不會特別貪執，更不會執為實有，這是最為關鍵的！

　　戊二（餓鬼之苦）分二：一、隱住餓鬼；二、空遊餓鬼。

　　餓鬼的分類方法很多，《前行》中分為隱住餓鬼、空遊餓鬼；《瑜伽師地論》⑬中分為外障餓鬼、內障餓鬼、無障餓鬼⑭；《大智度論》⑮中分為弊鬼、餓鬼；《大毗婆娑論》⑯中分為有威德餓鬼、無威德餓鬼。

　　尤其在《正法念處經》中，餓鬼的分類最廣，裡面分了36種⑰。我最近看了，講得非常好，道友們一定要了解。學院裡最好給每人印一份，到時候發給大家。看了以後你就會明白，有時候自己不注意，就會造下餓鬼之因。例如，裡面講了一種食法餓鬼⑱，其因是為求財利

---

⑬《瑜伽師地論》云：「餓鬼趣略有三種。一者由外障礙飲食。二者由內障礙飲食。三者飲食無有障礙。」

⑭《瑜伽師地論》云：「云何飲食無有障礙？謂有餓鬼名猛焰鬘，隨所飲啖皆被燒然，由此因緣，飢渴大苦未嘗暫息。復有餓鬼名食糞穢，或有一分食糞飲溺，或有一分唯能飲啖，極可厭惡生熟臭穢，縱得香美而不能食。或有一分自割身肉而啖食之，縱得餘食竟不能啖。如是等鬼，是名飲食無有障礙。」

⑮《大智度論》云：「鬼有二種：弊鬼、餓鬼。弊鬼如天受樂，但與餓鬼同住，即為其主；餓鬼腹如山谷，咽如針身，惟有三事黑皮筋骨，無數百歲不聞飲食之名，何況得見？」

⑯《大毗婆沙論》云：「於此洲中有二種鬼：一有威德，二無威德。有威德者，或住花林果林種種樹上好山林中，亦有宮殿在空中者，乃至或住餘清淨處受諸福樂；無威德者，或住廁溷糞壞水竇坑塹之中，乃至或住種種雜穢諸不淨處，薄福貧窮飢渴所苦。」

而給別人宣說顛倒法；食肉餓鬼⑲，其因是將眾生的肉做成肉食買賣，並在經營中使用欺詐手段；食香煙餓鬼⑳，其因是別人買香供養時不給好香，收高價而予人劣香；魔羅身餓鬼㉑，其因是心存邪知邪見，不信正法，為人宣說種種邪道……諸如此類餓鬼有許多種，轉生之因也各不相同，希望學院的道友們好好看一下。

⑰《正法念處經》云：「何等為三十六種？一者迦婆離，鑊身餓鬼。二者蘇支目佉，針口餓鬼。三者槃多婆叉，食吐餓鬼。四者毗師咃，食糞餓鬼。五者阿婆叉，無食餓鬼。六者揵陀，食氣餓鬼。七者達摩婆叉，食吐餓鬼。八者婆利藍，食水餓鬼。九者阿賒迦，悕望餓鬼。十者[口*企](區伊反)吒，食唾餓鬼。十一者摩羅婆叉，食鬘餓鬼。十二者囉訖吒，食血餓鬼。十三者瞢娑婆叉，食香煙餓鬼。十四者蘇揵陀，食香煙餓鬼。十五者阿毗遮羅，疾行餓鬼。十六者蚩陀邏，伺便餓鬼。十七者波多羅，地下餓鬼。十八者矣利提，神通餓鬼。十九者闍婆隸，熾燃餓鬼。二十者蚩陀羅，伺嬰兒便餓鬼。二十一者迦(俱邇反)摩，欲色餓鬼。二十二者三牟陀羅提波，海渚餓鬼。二十三者閻羅王使，執杖餓鬼。二十四者婆羅婆叉，食小兒餓鬼。二十五者烏殊婆叉，食人精氣餓鬼。二十六者婆羅門，羅剎餓鬼。二十七者君茶火爐，燒食餓鬼。二十八者阿輸婆囉他，不淨巷陌餓鬼。二十九者婆移婆叉，食風餓鬼。三十者鴦伽囉婆叉，食火炭餓鬼。三十一者毗沙婆叉，食毒餓鬼。三十二者阿吒毗，曠野餓鬼。三十三者賒摩舍羅，塚間住食熱灰土餓鬼。三十四者毗利差，樹中住餓鬼。三十五者遮多波他，四交道餓鬼。三十六者魔羅迦耶，殺身餓鬼。是為略說三十六種餓鬼，廣說則無量。」
⑱《正法念處經》云：「觀於食法諸餓鬼等，以法因緣，令身存立，而有勢力。以何業故生於其中？彼以聞慧，見此餓鬼，於人中時，性多貪嫉，為活身命，為求財利，與人說法，心不敬重，犯戒無信，不為調伏諸眾生故，說不淨法，說言殺生得生天福，強力奪財，言無罪報，以女適人，得大福德，放一牛王，亦復如是。以如是等不淨之法，為人宣說，得財自供，不行布施，藏舉積聚，是人以此嫉妒覆心命終，生於惡道之中，受於食法餓鬼之身。」
⑲《正法念處經》云：「觀於食肉諸餓鬼等，以何業故而生其中？彼以聞慧，知此眾生，嫉妒惡貪，自覆其心，以眾生肉而作肉段，孾孾稱之，賣買欺誑，實少言多，以賤為貴。如是惡人，身壞命終，墮於惡道，生在食肉餓鬼之中。」
⑳《正法念處經》云：「觀食香煙諸餓鬼等，以何業故而生其中？彼以聞慧，知此眾生，為嫉妒心惡貪所覆，商賈賣香，見人買香，速須供養，不以好香與彼買者，乃以劣香，價不酬直，心無淨信，謂無惡報，不識諸佛真實福田。如是惡人，身壞命終，生食香烟夜叉鬼中。」
㉑《正法念處經》云：「見諸眾生行於邪道諂曲作惡，行於惡因，說邪見法，謂是真諦，不信正法。如是之人，身壞命終，墮魔羅身餓鬼之中，受惡鬼身。」

而不在學院的道友，你們天天都上網，在「虛空」中漫遊，可以下載這些在電腦上看，或者花點錢打印出來。若能如此，你必定會有很多收穫，一方面能明白現在正有無量眾生在餓鬼道受苦，同時也會提醒自己做人一定要注意，不注意的話，很容易造下墮入餓鬼之業。

我們隨時都要觀察：墮三惡趣的因是什麼？自己造了沒有？講地獄時是這樣，講餓鬼時也是這樣。那麼墮餓鬼的因是什麼呢？《成實論》云：「於飲食等，生慳貪心，故墮餓鬼。」對飲食、財物等生吝嗇和貪心，就會墮入餓鬼。《正法念處經》云：「一切餓鬼皆為慳貪嫉妒因緣，生於彼處。」除了剛才講的貪心和吝嗇，此處又加了個嫉妒心。人與人交往的過程中，這些心態很容易產生，所以下面講餓鬼的痛苦時，希望大家對照自己進行觀察。

《定解寶燈論》中也說過，初學者修行時要觀察修，不能閉著眼什麼都不想，應該學會思維。比如觀餓鬼痛苦時，要先從理論上認識，相信世間上有一個餓鬼世界，它們或在旁生裡，或在空中，或在地下城市中；然後再了解它有什麼痛苦，以何因而轉生於此；最後願自他一切眾生斷除這些業因，尚未轉生為餓鬼的永遠

---

⑫《成實論》：十六卷（刊本或作二十卷）。師子鎧造，鳩摩羅什譯，曇晷筆受，收於《大正藏》第三十二冊。
⑬《大毗婆沙論》云：「問：鬼住何處？答：贍部洲下五百踰繕那，有琰魔王界，是一切鬼本所住處。」

不要轉生，已轉生為餓鬼的，隨時隨地要為它們念經迴向，哪怕倒一點點剩飯，也應念觀音心咒加持，以悲憫心觀想成千上萬的餓鬼都能得到。很多古賢大德經常如此，這是非常有必要的！

己一（隱住餓鬼）分三：一、外障餓鬼；二、內障餓鬼；三、特障餓鬼。

這種分法，與《瑜伽師地論》的很相似。還有《佛祖歷代通載》[124]中說，餓鬼分為四種，即外障餓鬼、內障餓鬼、飲食障餓鬼、障飲食餓鬼[125]。其中，外障餓鬼、內障餓鬼與此處講的一樣[126]；飲食障餓鬼[127]，是能看見美妙的食物，但被眾多閻羅卒守護著，沒辦法得到；障飲食餓鬼[128]，是得到飲食之後，一放進嘴裡，飲食就變成鐵丸、銅汁等，燃燒整個身體。

可見，漢傳佛教所講的內容，與藏傳佛教的大致相同。你們不要認為《前行》只是藏傳佛教的獨有修法，漢傳佛教中聞所未聞。我在講《藏傳淨土法》時，裡面引用的每一則公案，幾乎都能在漢文《大藏經》中找到

---

[124]《佛祖歷代通載》：略稱《通載》、《佛祖通載》，二十二卷（或三十六卷）。元代念常（禪宗分支臨濟宗楊岐派僧）著。收於《大正藏》第四十九冊。

[125]《佛祖歷代通載》云：「其類有四：一者外障，二者內障，三者飲食障，四者障飲食。」

[126]《佛祖歷代通載》云：「一外障者，飲食音聲亦不得聞。二內障者，獲微飲食口若針竅不能得入，設能入口咽如馬尾無能得過，設若過咽腹若山廓不能飽滿，雖滿腹中腥如草莖無能舉動，受此大苦。」

[127]《佛祖歷代通載》云：「三飲食障者，見飲食時，無量獄卒執諸器仗守禦無獲。」

[128]《佛祖歷代通載》云：「四障飲食者，食飲食時，由業所感鐵丸銅汁瀉置口中從下流出。」

出處。而這部《前行》也是一樣，除了極個別的藏地公案以外，只要是佛經、論典裡宣說的，在漢文《大藏經》中基本上都有，只不過以前沒這樣強調罷了。

現在有些漢地的修行人，始終有種分別念，認為藏傳佛教與漢傳佛教的差別很大，這種想法不合理。麥彭仁波切在《三戒合一論》中講過[129]：原本各大教派互不相違，如同一個父親的兩個兒子，沒必要為父親是自己還是別人的，爭得你死我活。因此，不管你隨學某個宗派，或者以後攝受弟子，都要先建立起「各大教派互不相違」的觀點，否則，分別念的力量有時特別大，若從中作怪而無法遣除，定會給暫時的今生快樂、究竟的來世安樂帶來障礙。

庚一、外障餓鬼：

此類外障餓鬼以業力所感，在外境上找不到飲食，甚至數百年中連水的名字也沒聽過。它們整日飢渴交迫，常為尋找飲食而四處遊蕩，結果卻是一無所獲。

下面講了幾種情況：

1、有時候看到遠處有清澈的江河，以僵直的肢體艱難支撐著巨大的腹部，異常痛苦又疲憊不堪地走去。可是到了近前，所有的水都乾無一滴，僅僅剩下河床[130]，讓它們苦惱萬分。

---

[129]《三戒合一論》云：「自他偏袒之說法，即如有一父二子，其二子執為異父而爭論。」
[130]河床：大河兩岸中間容納流水的部位。

轉生為餓鬼真的特別可憐，《業報差別經》中講了墮餓鬼的種種因緣[131]，《餓鬼報應經》中也記述了目犍連尊者通曉各類餓鬼業因之事。那麼這裡所講的外障餓鬼，明明看到的是河流，但以業力所致，走到眼前，水就乾了。在我們人間，看見的是飲食，到了跟前還是飲食，比如那邊有個蘋果，我很想吃，到了跟前，它不會變成其他東西。可在外障餓鬼的世界中，首先外境上根本看不到飲食，即使看到一點點，以其業力現前，食物要麼飛了，要麼變成另一種不能食用的東西。這是什麼原因呢？經典中說，是往昔常給人不清淨的飲食，以致轉生為餓鬼後，美味佳餚也會變成特別骯髒的不淨物。

　　2、有時候遠遠望見果實累累、鬱鬱蔥蔥的綠樹，依然如前一樣趕去。當到了跟前時，所有的樹木已乾枯成了樹幹。

　　3、有時候看見品種繁多的飲食、美不勝收的受用，可是到了近前，卻遭到許多看守用兵器毆打、驅趕。

　　《佛說除恐災患經》中也講過這類餓鬼的痛苦[132]。昔

---

[131]《業報差別經》云：「復有十業，能令眾生得餓鬼報：一者身行輕惡業；二者口行輕惡業；三者意行輕惡業；四者起於多貪；五者起於惡貪；六者嫉妒；七者邪見；八者愛著資生，即便命終；九者因飢而亡；十者枯渴而死。」

[132]《佛說除恐災患經》云：「佛將大眾，乘橋度江，見八萬四千餓鬼。佛亦知餓鬼先世所種，但為一切眾生故，問餓鬼前世所種行今為餓鬼。餓鬼曰：先身雖見佛，不知有佛。雖見法，不知有法。雖見比丘僧，不知有比丘僧。我亦不作福，教他人亦不作福，作福有何等福，不作福有何種罪，見人作福，言恆笑之，見人作罪，意常歡喜。佛問餓鬼：生此餓鬼之中以來，至今更歷幾百年歲？餓鬼報言：我生中七萬歲。佛問餓鬼：生中七萬歲，食飲何種？為得何食？餓鬼報言：我先世種行至惡，過值小水，即化不見。至於大水，便為鬼神龍羅刹所逐。」

大圓滿前行廣釋（三）附大圓滿前行實修法

日，佛陀與眾眷屬一起過江時，見到八萬四千餓鬼。佛陀故意佯裝不知，問：「你們前世造了什麼業，以致今生轉生為餓鬼？」

餓鬼回答：「我們前世雖然見過佛，但不知佛的存在，也不信佛；雖然見過法，但不知法的存在，也不信法；雖然見過比丘僧，但不知比丘僧的存在，也不信僧。我們自己不造福，同時教他人也不造福。見人行善積福，常會嘲笑諷刺，而見人行邪法造業，反而極為歡喜。以這種惡業，如今生為餓鬼。」

佛陀問：「你們轉生餓鬼多少年了？」

答曰：「七萬年了。」

佛陀又問：「在這七萬年中，你們吃什麼？」

答曰：「什麼也吃不到。有時看到一點小水流，馬上就不翼而飛了；有時看到很多水，但到了跟前，又被鬼神羅剎所驅逐，無權飲用……」

因此，大家應多看一些經典，這對自相續有非常大的利益。然而現在的社會上，很多人對佛陀的智慧結晶不感興趣，反而迷戀以分別念所寫的文章，助長自己的貪心、嗔心，這真是業力現前！其實對修行人來講，應該多翻閱《大藏經》。對我而言，每次看到一本好書，找到一些好的教證和公案，心裡就特別歡喜，有種說不出的感覺；而關於戰爭、購物等方面，則覺得沒有多大意義，畢竟這與解脫無關。

其實，從生死輪迴中解脫是最重要的，佛陀之所以在經中沒有著重宣說物質世界，原因也在於此。關於這一點，《法王經》中有個很好的比喻⑬：一個人身中毒箭、劇痛無比時，若及時把箭拔出，疼痛會很快消失；但若不把箭拔出來，只是一味追究箭杆出自何山的竹子，箭尾出自什麼鳥的羽毛，箭是誰射來的……這樣一一觀察下來，人早就活不成了。同樣，我們在短暫的人生中，了脫生死最為重要，如果把這個棄之不顧，而去詳細研究宏觀世界、微觀世界，那窮盡一生也不夠用。所以，阿底峽尊者說：「生命有限知無涯，壽量幾許亦難曉，當依所欲取精要，猶如鵝王取水乳。」在浩如煙海的知識中，我們應像天鵝從交融的水乳中汲取乳汁一樣，取受對自己最有用的知識。那麼，最有用的知識是什麼呢？並非是器世界形形色色的顯現，而是苦集滅道的道理。

當然，對於世間的種種學問，一點不了解也不行，畢竟我們活在這個世間，弘揚佛法也離不開世間，所以還是要大概懂一些。但最關鍵的是，務必要想方設法獲得解脫，否則，將短暫的人生都耗在無意義的知識上，臨死時對解脫沒有做好準備，那其他知識懂得再多，也用不上。

⑬《法王經》云：「譬如有人，身中毒箭，於身受痛。當即拔箭，其痛即除；若不拔箭，痛則不除。待問箭毛羽是何鳥翼？復問其竹是何山出？復問其箭是誰之射？是人苦痛其命已終，然拔其箭終知無益。」

所以，在一切事物中，了脫生死最重要。而若想了脫生死，就先要認識輪迴的痛苦，認識之後，再想辦法不墮入惡趣。如同一個人要開車去某地，之前應打聽好路上的險阻，知道哪裡有坑、哪裡有懸崖，路過的時候一定要當心。我們修解脫道也是如此，要先弄清楚輪迴的險地，然後想辦法盡量避免，這樣才能順利抵達目的地。

4、對餓鬼來說，四季是顛倒的。夏季的月亮原本清清涼涼，但在它們感覺中，卻是火燒火燎；冬季的太陽原本非常溫暖，但對它們而言，卻是寒氣逼人、十分刺骨，實在是受盡了折磨。

誠如《親友書》所言：「諸餓鬼界春季時，月亮亦熾冬日寒。」《四諦論》㉞亦云：「月炙如夏日，風觸如火焰，雨滴如洋湯，履地如熱灰。」意思是，餓鬼以特殊業力所感，月光炙熱猶如夏天烈日，風吹到身上如被火燒，雨滴到身上就像滾滾銅汁，在地上行走如同踏於熱灰上。

這些餓鬼的痛苦，不太了解輪迴、因果的人聽了，可能不一定相信。但你若對這方面誠信不疑，必定會深信無邊的眾生正在受苦，極為可憐，自己行善後會主動為其作迴向。

㉞《四諦論》：四卷。婆藪跋摩造，陳‧真諦譯。收於《大正藏》第三十二冊，是解說苦集滅道四聖諦之義的典籍。

下面講一個畫辛吉尊者去餓鬼界的公案：

很久以前，畫辛吉尊者⑬到餓鬼境內，結果中了餓鬼的呑嗇毒氣，感覺口乾舌燥。他看見一座鐵城的大門前，有個令人不寒而慄的黑面紅眼餓鬼，便急不可待地問：「哪裡有水？」

他的話音剛落，居然集來了形似燒焦樹幹的五百餓鬼。它們爭先恐後地祈求：「無比尊貴的大師，您行行好，給我們一點水吧。」

尊者說：「我也得不到一滴水，同樣在求水，你們到底是誰呀？」

它們可憐巴巴地回答：「我們自從投生在這座山谷以來，已經有十二年了，可到今天才聽到水的名字。」

這個公案出自於《一切有部毗奈耶皮革事》⑬。當時畫辛吉尊者從大海取寶回來，不小心入了餓鬼城市，裡面的情節與此一樣，後來他問餓鬼：「你們為什麼轉

⑬畫辛吉尊者：又名億耳，因其降生時，耳朵上戴著金子耳環，可值純金一億，故取名「億耳」。也有經典中說，他又名聞俱胝耳，因降生的時候，有寶耳瓔珠莊嚴其耳，價值俱胝，故取名「聞俱胝耳」。

⑬《根本說一切有部毘奈耶皮革事》云：「有大商主子，名曰億耳。入海採寶，既得回還，與伴別宿，失伴惝惶。飢渴所逼，遙見一城，其城廣大，牆壁極高，其中寬大。至城門所，見一丈夫，其身長大，黑色赤精，遍身有毛，其腹麤大，甚可怖畏，執杖而住。時長者子問其人曰：丈夫，此中有水不？彼默不言。長者子問已，即入城中，為渴所逼，迷悶東西，求覓水故，竟無可得。不稱所求，遂即大聲云：水水。時有五百餓鬼，一時而來，如燒木柱，自髮覆體，咽如針孔，腹如大山，節節火出，赫然俱熾，告商主曰：汝大慈悲，與我水飲，我等渴逼。長者子曰：我為渴逼求水，故入此城中。餓鬼報言：此是餓鬼之城，何處得水？十二年中，我等不聞水名。長者子問曰：造何罪業，生在此中？餓鬼答曰：贍部洲人，多生難信，我今若說，汝亦不信。長者子告曰：我今對驗，面前而見，云何不信？是時餓鬼而說頌言：我曾罵詈常瞋恚，慳吝惜財不與人，亦不曾行於布施，緣此業故生餓鬼。」

大圓滿前行廣釋（三）附大圓滿前行實修法

生於此?」餓鬼異口同聲地答道:「我們在人間時,吝嗇惜財、不施與人,還常常嗔恨罵人,以此因緣生為餓鬼。」

一旦生為餓鬼,十二年中連水的名字都聽不到,但它們因業力未盡,想死也死不了。對我們人類而言,不要說十二年不喝水,十二天都很困難。2004年印尼爆發海嘯時,有個人被埋在海嘯廢墟中,不吃不喝十三天卻能生還,這被稱為一個奇蹟。但在餓鬼界裡,不吃不喝的時間比這長多了,可它們卻死不了,只能年復一年地忍受飢渴之苦。

《百緣經》中也有一則公案,是講優多羅的母親墮為餓鬼,二十年未得到一滴水、一口飯。它的情節是怎麼樣的呢?優多羅降生後不久,父親不幸過世,他與母親相依為命,生活過得比較富裕。由於他天生對佛法心生敬信,於是向母親請求出家。母親堅決不同意,告訴他:「只要我活著一天,絕不允許你出家。等我死後,再隨你的意吧!」

優多羅被拒絕後,準備自殺。母親非常害怕,只好軟言相勸:「你千萬別這麼做!不如這樣,從現在起,只要你想供養修行人,我就準備一切所需,隨你所願供養。」優多羅聽了,才不堅持出家,但經常邀請沙門到家裡應供。

優多羅的母親看這麼多沙門在家中出出入入,覺得

很厭煩，便辱罵他們：「你們這些人不事生產，成天靠在家信眾過活，看到你們就令人生氣！」

有一天，優多羅正好不在家，她就將準備好的食物全倒在地上，還攆走了前來應供的修行人。優多羅回來後，母親騙他：「你剛才不在家時，我用上好的食物供養了好幾位修行人。」優多羅信以為真，非常高興。

過了不久，優多羅的母親去世了，死後因生前的惡業而墮為餓鬼。優多羅則按先前的心願出家修行，由於他非常精進用功，很快證得了阿羅漢果。

一次，他在河邊的石窟裡禪坐，突然看見一相貌醜陋的餓鬼，痛苦地走到他面前，對他說：「我是你的母親，已變成餓鬼二十年了。」

優多羅說：「不可能。我母親生前樂善好施，供養了許多修行人，不可能墮入餓鬼道！」

餓鬼回答：「我雖布施供養，但心卻慳惜不捨，甚至對沙門等修行人，無恭敬心，橫加辱罵，所以才遭此果報。你若能為我懺悔，廣設齋食供養佛及僧眾，我定能脫離餓鬼之身。」

優多羅聽後，非常悲憫母親，於是盡力為其供齋迴向。第一次齋會之後，母親轉生為飛行餓鬼，第二次才投生於天界。

可見，淪為餓鬼之後，得不到飲食的時間極為漫長，而且很難以解脫。

大圓滿前行廣釋（三）附大圓滿前行實修法

庚二、內障餓鬼：

這類內障餓鬼，嘴巴小得像針眼一樣，本想開懷暢飲大海裡的水，怎奈水無法流進它那細如馬尾毛的咽喉，而且在這中間，水已被口中的毒氣一掃而光。就算有一星半點的水進了咽喉，也滿足不了它那大如盆地的腹部。即使稍有一點飽的感覺，夜間腹內也會燃起大火，燒盡心肺等內臟。當它們想走動的時候，灰白色茅草般的肢體，難以支撐大如盆地的腹部，真是痛苦到了極點！

《經律異相》中講過⑬，曾有五百餓鬼在恆河岸邊，因飢渴所逼而放聲大哭。當時佛陀也在那裡，餓鬼們對佛說：「我們現在特別飢渴，馬上要死了。」佛說：「你們可以喝恆河水。」餓鬼回答：「如來眼中是水，我們眼中卻是火焰。」佛說：「只有遣除你們的顛倒念，才能見到水。」於是為其廣說慳貪的過失。餓鬼說：「我們渴得太久了，雖然聽到佛法，卻無法融入心，可否讓我們先喝點水，然後再聽課？」佛陀以神變和加持力，讓它們飽飽喝了一頓，之後再宣講佛法。它們都發起菩提心，捨棄了餓鬼身體。

所以，我們平時所見的江河，在餓鬼面前要麼是膿

---

⑬《經律異相》云：「恆河水邊有諸餓鬼，其數五百，於無量歲初不見水，雖至河邊純見流火，飢渴所逼發聲號哭。餓鬼白佛：我等飢渴，命將不久。佛言：恆河流水。鬼言：如來見水，我常見火。佛言：除汝顛倒，令得見水。廣說慳貪過。鬼言：我今渴久，雖聞法言都不入心，先可入河恣意飲之。以佛力故即得飲水。佛為說法悉發菩提心，捨諸鬼形。」

血，要麼是火焰。這些可憐的內障餓鬼，即使喝到了一點點水，但水進入腹中以後，也會變成火焰。

在我們人間，雖然見不到真正的餓鬼，但有些人跟餓鬼沒什麼差別。就像食道癌患者，什麼飲食都吃不了，稍微吞下去一口，喉嚨馬上如火燒般疼痛，這就是相似的業感。當然，人間的痛苦再厲害，也無法與餓鬼的相提並論。有些人一天沒吃飯，或者只晚了兩三個小時，就感覺餓得受不了，可是你肚子再餓，也不如餓鬼痛苦。因此，我們應多觀想這些痛苦，以增強自己的修行力度，這一點極為重要！

大圓滿前行廣釋（三）附大圓滿前行實修法

第四十五節課

《前行廣釋》思考題

『壽命無常』

第34節課

143、有些人是一家之主，重大事情都由他操辦，故對家人放不下而無法修行。對此現象你怎麼看待？為什麼？

144、請以具體事例說明，什麼叫做積際必盡、合久必分、堆際必倒？明白這些道理，對你有哪些幫助？

145、在你的身邊，有沒有什麼事物能逃離無常之網？了知這一點後，你有何打算？

146、什麼是噶當「四依處」？請具體解釋。

第35節課

147、什麼是高際必墮？你身邊有這樣的事例嗎？明白地位的無常後，你應當追求什麼？

148、為什麼說親人和怨敵的關係是無常的？這節課所講的公案，哪個對你觸動比較大？為什麼？

149、關於苦樂的無常不定，你自己有哪些體會？懂得這個道理後，你打算如何幫助周圍的人？

大圓滿前行廣釋（三）附大圓滿前行實修法

第36節課

150、現在有很多人，為了獲得財富而損人利己、不擇手段，他們由此也能得到一些享樂。對於這種現象，你如何評價？請說明理由。

151、一個人的高低貴賤、賢劣好壞是永恆的嗎？為什麼？請從世間、出世間兩個角度進行說明。了知此理對你有何幫助？

152、有些修行人，有一點點修證境界，受到別人的恭敬讚歎，就自以為是、傲氣沖天，認為「我什麼都可以做了」。對於這種人，你怎麼看待？要想避免自己像他這樣，應當怎麼做？你平時做了嗎？

153、在修行過程中，為什麼要時時提起正知正念，將一切分別邪思轉為道用？有時候的一念之差，會導致什麼樣的可怕後果？請引用公案加以剖析。

第37節課

154、世間上任何一個人，都知道自己早晚會死，這是不是就足夠了？為什麼？在這方面，世間人和修行人最關鍵的差別是什麼？

155、請大致敘述，如何思維死緣無定而修無常？對此你有哪些體會？

156、為什麼說在這個世界上，生緣少得可憐，死緣卻多如牛毛？請舉例說明。明白這個道理有什麼用？

157、修死亡無常的過程中，要觀想行、住、坐、臥一切所為都是今生最後一次，這種修行方法是否有點不可理喻？你是怎麼理解的？

第38節課

158、在觀修無常時，是否明白必死無疑、死期不定就足夠了？為什麼？請詳細說明理由。

159、我們平時如何在行住坐臥中觀無常？本論是從哪幾個方面闡述的？懂得此理有何必要？

160、按照塔波仁波切的教言，修持無常有哪三個層次？請一一說明。你現在屬於哪個階段？

161、佛陀在經典中如何讚歎觀修無常？這對你有哪些啟示或觸動？你今後打算怎麼做？

第39節課

162、按照博朵瓦格西的觀點，如果想專修一法，觀無常則最為重要，這是為什麼？請從六個角度加以分析。

163、什麼是「不加改造」的無常觀？怎樣才能產生這種境界？你相續中有嗎？

164、現在很多人特別執著感情、名利，得不到就萬分痛苦，這是什麼原因所致？你身邊若有這樣的人，你打算怎樣勸導他？

165、無常、悲心、空性這三種境界，應當如何次第

大圓滿前行廣釋（三）附大圓滿前行實修法

生起？請引用教證進行分析。明白此理對你有哪些幫助？

166、請舉例說明，對無常生起定解的界限是怎樣的？這些公案對你有何觸動？

167、通過學習「壽命無常」這一品，你最大的收穫是什麼？

『輪迴過患』

第40節課

168、修持共同四加行，分別可斷除對什麼的執著？你對此有何體會？

169、在學習「輪迴過患」之前，為什麼要先確信前世後世存在？請舉例說明，其他宗教對此持何態度？了解這些有什麼必要？

170、請引用教證說明，佛經中對輪迴有哪些比喻？請解釋其中任一比喻的意義。

171、觀輪迴痛苦、修菩提心中，都提到了「眾生彼此之間沒有不當過父母的」，二者的側重點有何區別？請談談你的認識。

172、這節課講了哪兩個問題？你對此能產生定解嗎？

第41節課

173、在許多佛教經論中，對地獄的描述各不相

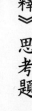

《前行廣釋》思考題

同，這是什麼原因？

174、要想深刻體會地獄的痛苦，首先必須有什麼前提條件？為什麼？你做得怎麼樣？

175、八熱地獄具體有哪些？請一一說明其受苦狀況、眾生壽量、轉生原因。

176、無間地獄為何被稱為「無間」？佛經中對它有哪些描述？你覺得自己容易墮入此地獄中嗎？

第42節課

177、什麼叫近邊地獄？在本論中，它分為哪幾種？請一一說明其受苦狀況、轉生原因。

178、這些地獄是否只是藏傳佛教中才有？為什麼？明白這一點，對你有哪些幫助？

179、修行人與世間人相比，他們重視的東西有何不同？你屬於哪種人？你害怕地獄的痛苦嗎？

180、明白八熱地獄、近邊地獄的痛苦之後，我們應當如何實地去觀修？

第43節課

181、八寒地獄有哪些？請具體說明其受苦狀況、眾生壽量、轉生原因。

182、了解八寒地獄的痛苦後，應當如何結合自相續來觀修？請說說你是怎麼修的？

大圓滿前行廣釋（三）附大圓滿前行實修法

183、孤獨地獄的眾生，是如何感受痛苦的？明白這些，可遣除你的什麼疑惑？

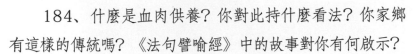

第44節課

184、什麼是血肉供養？你對此持什麼看法？你家鄉有這樣的傳統嗎？《法句譬喻經》中的故事對你有何啟示？

185、對於吃素的功德和食肉的過失，請談談你的理解。你有短期或長期斷肉茹素的打算嗎？

186、寺院在管理財產時要注意什麼？這有哪些必要？

第45節課

187、弘揚佛法時，應當採用什麼樣的方法？避免哪兩種誤區？

188、餓鬼分為哪幾種？它轉生的因是什麼？你造過這些業嗎？今後打算怎麼辦？

189、隱住餓鬼分為哪三種？請一一說明其感受的痛苦。

190、有些人認為：「藏傳佛教與漢傳佛教的差別極大，所講的內容完全沒有共通之處」。對此觀點你如何看待？請說明理由。

191、佛陀既然是一切遍知，那為什麼沒有詳細描述我們所在的這個地球，也沒有預言飛機、電腦的誕生？明白這個道理，對你有哪些幫助？

《前行廣釋》思考題

前行實修法

全知無垢光尊者　著

索達吉堪布　傳講

庚三、病苦：

前行：皈依、發心。

正行：觀想病苦：

人在患病時，四大不調，病苦的感受極為強烈。原本思維、能力各方面不錯，一旦生病之後，身體發生極大改變，心也不快樂，容易發脾氣。由於眼根、身根等的根力下降，從而心煩意亂，對什麼都不感興趣。有時病中還會出現種種魔障，白天幻覺中浮現死人的形相、鬼神的形相，晚上睡覺也不安寧。甚至突然一反常態，害怕死亡的痛苦極為強烈、極其難忍。病苦屬於輪迴的痛苦，一般每個人都感受過。但光是吃吃藥、打打針，只能暫時解決問題，即便這輩子遇到好醫生，把自己的病統統治好了，可下一輩子還是會有。因此，要想徹底根除病苦，唯有依靠修持甘露妙法。後行：迴向善根。

第三十三修法終

大圓滿前行廣釋（三）附大圓滿前行實修法

庚四、死苦：

前行：皈依、發心。

正行：觀想死亡的痛苦：

人在臨死時，睡最後的床榻，享用最後的衣食，言說最後的話語（有些人也不一定有這個機會），雖為眾多親眷所圍繞也無濟於事。此時感受著死亡的折磨，眼前出現閻羅獄卒或生前所殺的動物等迷亂顯現，獨自步入中陰狹道中。斷氣之後，身體四大依次隱沒，棄離今生所擁有的財產、身體、親友等，在萬般不捨中趕赴後世之境。

每個人都會出現這樣的死亡，這是一個翻天覆地的變化，如同從酥油中抽出毛一樣，丟下一切而獨自前往。此時，無論擁有多少食財，卻連一個食團也無權帶走；無論擁有多少眷屬，卻無有自由與一人同行，必須子身前往，真是悲慘！

所以，今生中的伏怨護親、籌劃住所資具、疼愛子孫眷屬有什麼意義呢？從現在開始，我應當勤修無死的解脫勝道。

前行實修法

【提示語】：

死亡降臨是很容易的。最近有個道友剛死，他只有23歲，前兩天還好好的，後來因高山反應還是什麼，突然就死了。所以生命如是的脆弱，大家一定要多憶念死

亡無常。

那麼，對死亡有利的是什麼？唯一是佛法，除此以外，別無其他。現在很多人特別喜歡錢，認為錢是萬能的，錢就是一切。其實你活著的時候，錢在某種程度上還用得著，可是死了以後，有多少錢存在銀行裡，一分錢也帶不走。能夠帶得走的是什麼？就是你所行持的善法，比如念了一百遍觀音心咒，這個功德可陪著你到生生世世，多少萬年後都用得上。

因此，對於來世，大家現在一定要做好準備。與今生幾十年相比，來世是漫漫無際的，故應當多為來世考慮。就像對有智慧的人來說，一天的生活重要，還是一輩子的生活重要？當然是一輩子的生活重要，一天怎麼過都可以。同樣，從佛教的長遠眼光來看，今生的一切無關緊要，幾十年隨便過就可以了，而漫無邊際的生死輪迴，才是值得重視的。因而為了這個，大家務必要行持佛法。

後行：迴向善根。

第三十四修法終

已二、其餘分支苦：

前行：皈依、發心。

正行：觀想除了生、老、病、死的痛苦之外，人類

大圓滿前行廣釋（三）附大圓滿前行實修法

還有其餘四種分支苦：

一、怨憎會苦：遇到不喜歡的人，出現所擔憂的損害，不願意中遭受痛苦和不幸，讓自己內心苦惱萬分。

二、愛別離苦：親朋好友死去或遠離，一想起他（她）的音容笑貌、往昔的美好回憶，便悲傷難過不已。

三、求不得苦：對於美好的事物，名聲、地位、財富等合意的對境，始終都得不到。比如，有些人想變得漂亮，結果卻事與願違；有些人希望很有錢，但財運總是擦肩而過；有些人拼命追求智慧，最後不但不成功，反而笨得不行，天天都打自己的腦袋⋯⋯這些都叫求不得苦。

四、近取蘊苦：色、受、想、行、識這五蘊，實際上是痛苦的來源、痛苦的所依、痛苦的處所，它完全是苦之本性。例如，身上扎一個刺，刺痛的所依為「色蘊」；知道痛苦之心為「受蘊」；刺痛的感覺延續下去為「想蘊」；再次刺痛為「行蘊」；知覺刺痛之相為「識蘊」。有了這樣的五蘊，世間上的一切痛苦，都會以整體性的方式由自己領受。

因此，為了斷除此等痛苦，我必須獲得無漏之聖者智慧。

後行：迴向善根。

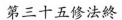

第三十五修法終

前行實修法

丁五、非天之苦：

前行：皈依、發心。

正行：觀想非天（阿修羅）的痛苦：

阿修羅的嫉妒心極為粗重。在自己的範圍內，區域與區域之間、部落與部落之間，總是相互殘害、身心不寧，始終在戰火紛飛中過日子。

與天人之間，因不能堪忍天人的福德，也屢屢發動戰爭。由於天人財富、受用盡善盡美，一切所需都是從如意樹上生出，而如意樹的樹根居然長在自己境內……在無法容忍的惡心驅使下，阿修羅身披盔甲、手持兵刃，與天人決一死戰。

假如轉生於阿修羅中，就如鍋中炒穀物般，一瞬間的快樂也沒有，恆時感受痛苦。因此，我必須勤修斷除輪迴的甚深寂滅之法。

後行：迴向善根。

第三十六修法終

丁六、天人之苦：

前行：皈依、發心。

正行：觀想天人的痛苦：如果轉生於天界，也沒有快樂可言。天界分為欲界、色界、無色界。

欲界的天人，儘管享受一些安樂，然而死亡時以神

通觀察，得知往昔的福德耗盡，後世不幸將墮入惡趣，於是在七天中感受死墮的痛苦，此苦比魚在熱沙上翻滾之苦更為劇烈。

色界、無色界眾生，雖享受片刻的禪定安樂，但善業逐漸窮盡後，也將因惡業墮入惡趣感受痛苦。

有些人渴望轉生天界、升天成仙，這種想法不合理，因為天界終究不能超離行苦、變苦。所以，為了擺脫六道輪迴，我今必須勤修正法，以獲得永無改變的究竟解脫之樂。

前行實修法

【提示語】：

修出離心非常重要。所謂的出離心，不僅僅是對今生的地位、名聲等不去追求，包括來世轉生到天界，也覺得沒有實在意義。這樣一來，對今生來世的一切有漏法會斷除貪執，唯一希求的就是解脫，完全離開三界輪迴、證得佛菩薩果位，才是自己最究竟的目標。如同監獄裡的犯人，不但不希求這個監獄的生活，而且其他監獄的生活，他也根本不求，一心想的就是得到釋放。

這一點相當關鍵！我曾遇到過很多寺院裡的人，他們修行只是坐禪，但不求出離輪迴的話，最多只是得個人天福報，沒有什麼意義。所以，目標一定要搞清楚。

後行：迴向善根。

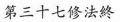

第三十七修法終

丙三、推理今生來世：

前行：皈依、發心。

正行：觀想如今已得暇滿人身並且自由自在時，身體上落一個火星、刺入一根小針尚且不能忍受，輕微的寒熱、飢渴、疲勞之苦也無法堪忍，那麼死後墮入地獄、餓鬼、旁生的痛苦又如何能受得了？現在一天中生病的痛苦也不能忍受，又如何能堪忍無邊輪迴的痛苦？既然輪迴的痛苦如是可怕，不論轉生何處都沒有快樂，那我一定要厭離輪迴、希求解脫。

後行：迴向善根。

第三十八修法終

乙四（業因果）分三：一、不善業；二、善業；三、思維一切皆為業之自性。

丙一（不善業）分三：一、身不善業；二、語不善業；三、意不善業。

丁一、身不善業：

前行：皈依、發心。

正行：身不善業，有殺生、不與取、邪淫三種。

觀想以殺生之業所感，無論轉生於何處，皆是多病短命，所生的環境極為粗糙，到處是深谷險地等危害生命的地方，其異熟果是感受三惡趣的痛苦；

以不與取之業所感，會轉生到屢遭霜凍冰雹、飢荒災害、貧窮落後的惡劣環境中，其異熟果也是墮入三惡趣，尤其是餓鬼道中；

以邪淫之業所感，夫妻不和、怨敵眾多，生於荒涼、骯髒之地，其異熟果也是感受惡趣之苦。

因此，從今以後，我必須斷除身體的三種不善業。

後行：迴向善根。

第三十九修法終

丁二、語不善業：

前行：皈依、發心。

正行：觀想以妄語所感，今生會遭受種種毀謗，常受到他人欺騙；

以離間語所感，眷屬朋友不和合，即使發自內心想饒益別人，別人也把你看成仇敵；

以粗語而感，經常遭到別人攻擊、挖苦，所聞之語皆不悅耳，許多語言成為互相爭論之因；

以綺語所感，語言沒有份量，常常顛倒錯亂，不被別人接受，或者就算自己是好心好意，但別人聽起來卻是另一種感覺。

若造此等惡業，則必定墮入惡趣感受痛苦，即使從中解脫轉為人身，也會招致諸多不悅意。因此，我必須

前行實修法

238

斷除語言的四種不善業。

【提示語】：

我常見到一些道友和發心人員很苦惱，覺得周圍有那麼多壞人，天天誹謗、欺騙、侮辱自己，好像全世界的人都在不斷攻擊他一樣。其實也不能這麼想，應當意識到是自己往昔說話不注意，今生才導致了如此果報。

現在城市裡的人，哪怕是跟朋友吃一頓飯，也全部具足了四種惡語，這樣確實沒有意義。所以我很羨慕昔日的高僧大德，他們胸口雖沒掛大大的「止語」二字，卻能時時管住自己的嘴巴。不像我們道友，胸口在「止語」，嘴巴卻說個不停，這樣是沒有必要的！

後行：迴向善根。

第四十修法終

大圓滿前行廣釋（三）附大圓滿前行實修法

丁三、意不善業：

前行：皈依、發心。

正行：觀想以貪心所感，所想不能如願以償、稱心如意，而且不願接受的許多事常會降臨到自己頭上；

以害心所感，恆時擔驚受怕、恐怖不安，心不能安定下來；

以邪見所感，轉生為不信因果、恆持常斷見的惡劣

身體，並將流轉於惡趣中受苦。（有些人雖然遇到了上師，但邪見一直改不掉，常對上師三寶的邪見很重，善心好像很難生起，邪知邪見卻很容易出現。這種心不改的話，只會導致惡趣的苦果。）

所以，從現在開始，我必須斷除意之三種惡業。以往所造的貪心、害心、邪見之罪業，如今在上師三寶面前好好懺悔；發誓以後絕不再造，一旦生起這些惡念，當下就要立即斷掉並懺悔。

後行：迴向善根。

第四十一修法終

丙二（善業）分二：一、隨福德分善；二、隨解脫分善。

丁一（隨福德分善）分三：一、身善業；二、語善業；三、意善業。

戊一、身善業：

前行：皈依、發心。

正行：觀想斷除殺生，而感得健康長壽；斷除不與取，而感得受用圓滿；斷除邪淫，而感得家庭和合，無有怨敵。行持此三善業，即生會一切快樂，來世也獲得善趣安樂。因此，我必須盡量行持三種身善業。

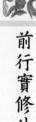

前行實修法

【提示語】：

表面上看來，這些詞句很簡單，每個人都懂，但多數人恐怕沒這樣行持過。若能如是去觀修，對自身所起的作用會完全不同。

後行：迴向善根。

第四十二修法終

戊二、語善業：

前行：皈依、發心。

正行：觀想斷除妄語，而感得到眾人讚頌、歡喜；

斷除離間語，而感眷屬、僕人和睦相處，受到他人恭敬；斷除粗語，而感所聞之言悅耳，備受讚歎；斷除綺語，而感語言誠實，眾人信賴，說話有份量。行持此四善業，將成辦語言善法與一切安樂。因此，我必須盡量行持四種語善業。

後行：迴向善根。

第四十三修法終

大圓滿前行廣釋（三）附大圓滿前行實修法

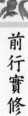

前行實修法

毗盧七法

242

上師瑜伽・祈禱蓮師

頂禮本師釋迦牟尼佛！

頂禮文殊智慧勇識！

頂禮傳承大恩上師！

　　　　無上甚深微妙法　　百千萬劫難遭遇

　　　　我今見聞得受持　　願解如來真實義

為度化一切眾生，請大家發無上殊勝的菩提心！

今天利用這個時間，給大家簡單介紹一下修上師瑜伽。

這個上師瑜伽，是祈禱蓮花生大士。大家應該清楚，藏地密法中大多數的上師瑜伽，都與蓮花生大士的修法有著密切聯繫。

加行組修「不共加行」時，本來應該先修皈依、發心、金剛薩埵、曼茶羅，再修上師瑜伽，最後是頗瓦法，這麼一個次第。但有時為了修行方便，也有些傳承中規定，最好能先修上師瑜伽。

上師瑜伽不僅是一種前行，也是一種正行。這次依靠種種緣起，我提前介紹一下蓮師的上師瑜伽，同時要求有信心的道友，平時多修這個上師瑜伽，常念蓮花生大士的七句祈禱文和蓮師心咒。

為什麼要這樣呢？我們作為顯密雙修的行者，祈禱

大圓滿前行廣釋（三）附大圓滿前行實修法

蓮師非常重要。在末法時代，不管是為了自己修行順利成就，還是為了利益眾生圓滿成功，一切重大的事業均離不開蓮師的加持。尤其對漢族四眾弟子而言，若能廣泛弘揚蓮師法門，在各地建造一些蓮師像，異口同聲地祈禱蓮花生大士，將來應該會有不可思議的興盛佛法之緣起。

我曾經也講過，上師如意寶1986年發願前往五台山，1987年便帶領一萬餘僧俗，朝拜了五台山等漢地部分聖山㊳，共發普賢大願，攝受廣大的漢族四眾弟子。當時最主要的一個緣起，就是在五台山的各個寺院裡修造蓮師像。上師如意寶親口預言：「這次若能在各寺造一些蓮師像，漢地四眾弟子也沒有排斥，將來藏傳佛教會在漢地開花結果。」那時候，我們並不知道未來會變成什麼樣，對每個人來講，這都是個未知數。但如今二十多年後回頭一看，上師當年的金剛語確實不虛，祈禱蓮師確實有殊勝的緣起。

而且，上師老人家當時在五台山菩薩頂，造了一尊主要代表喇榮五明佛學院的蓮師像，蓮師像的心口又放了一尊小小的蓮師——此像由華智仁波切和麥彭仁波切加持過，蓮花生大士說它「如我一般」，好像是一個伏藏品，我記得不是很清楚，我寫的《五台山志》裡說得比較明白。（我的藏文著作只有兩本書，一是《忠言心之明點廣

㊳1997年，法王又朝拜了峨眉山、雞足山、普陀山等其他聖地。

釋》，一是《五台山志》。原來我打算，這輩子出家以後，藏文著作應該不少於十本書，但後來因為種種原因，寫得不多。）上師曾對此蓮師像親自開過光，以後你們若有因緣去五台山，一定要到菩薩頂中央的蓮師殿去一下。當時修造的質量不一定很好，去年學院有人發心想把它換成銅像，但當地寺院或相關部門不是特別同意，據說是這樣，具體我不太清楚。我1991年又朝過一次五台山，那時這尊蓮師像還是完好無損的。

以此緣起，之後漢地確有非常多的人接受藏傳佛教，不但是接受，很多人還從中得到了切實利益。無論是出家人、在家人，從骨子裡、心坎深處對佛教產生定解的數不勝數。不僅我們學院的傳承得到眾多信徒的接受，藏地其他地方的寺院、活佛、堪布以及一般的普通喇嘛，也跟漢族四眾弟子結下了殊勝法緣，對弘揚佛法起到非常大的作用。

雖然漢地寺院本身就有一些佛像，以供大家頂禮膜拜，但若能同時祈禱蓮花生大士，對佛教定有非常大的利益。現在過了二十多年，我這次雖不敢說像法王那樣有甚深緣起，但作為一個凡夫人，憑藉自己的分別念，白天也在想、晚上也在想：倘若漢地四眾弟子都以信心祈禱蓮花生大士，同時各個地方與蓮師結上善緣，包括印一些蓮師照片，將來對利益眾生會有非常好的緣起。

本來我們作為修行人，修上師瑜伽的時候，寧瑪派

大圓滿前行廣釋（三）附大圓滿前行實修法

任何一個修法也要求觀修蓮師，即把上師觀為蓮花生大士，自己觀為金剛瑜伽母，這樣的話，許多引導文中說有殊勝緣起，可用強硬的方式，令上師的加持融入自心。在末法時代，完全依靠理論知識、學術研究，來改變根深蒂固的煩惱非常困難，一定要以不共的竅訣，當下改變我們的煩惱習氣及種種不良分別。那麼這唯一的辦法，就是修上師瑜伽。

很多上師也經常講，修任何一個法之前，最好先修一座上師瑜伽。以前華智仁波切、紐西隆多、阿瓊堪布的傳承中，就有這樣的傳統。若能在修法前先接受一個道灌頂㉉，一方面可遣除世間一切魔障違緣，另一方面，可令心與法相應，上師的加持入於自心。在一切證悟中，若令上師歡喜攝受，上師的智慧融入你的心，當下就有開悟的機會。然而現在學術界的人不是這樣，他們認為一定要通過分別念懂點知識，而對加持、相應、灌頂不太承認，完全成了一種理論化。所以，我們要避免這種誤區，必須強調理論與竅訣相結合。

不管顯宗還是密宗，修上師瑜伽的功德都非常大。《大圓滿前行》中引用續部的教證說：「何人俱胝劫，修十萬本尊，不如一刹那，憶念上師勝。」一個人在

上師瑜伽・祈禱蓮師

㉉灌頂，有能成熟之因灌頂、能解脫之道灌頂、解脫之果灌頂三種。開法會時上師賜予的灌頂，是能成熟之「因灌頂」；修上師瑜伽時，觀上師眉間、喉間、心間三處發光融入自身，此不觀待他緣而得受的灌頂，叫做「道灌頂」；十地末尾之際，十方諸佛心間發光融入你心間，斷除最細微的所知障，稱為「果灌頂」。

百千萬劫中，修觀音菩薩、文殊菩薩、馬頭明王等十萬本尊，不如一瞬間修上師瑜伽的功德大。有些人定力不夠，不能安住太長時間，但你一瞬間修上師瑜伽的話，這個功德也不可勝言。方便時，大家可以看一下《心性休息大車疏》⑭和《事師五十頌》⑭，裡面就引用了很多教證，講了修上師瑜伽的殊勝功德。

所以，我們務必要修上師瑜伽，這是修行中不可缺少的一法。並不僅僅因為這次大家修加行，才要求修上師瑜伽，而加行修完以後，開始修「本來清淨」時，上師瑜伽就不需要了，不是這樣的。以前我接觸過很多老修行人，有時候自己煩惱深重，就到他們面前去聊聊，跟他們在一起一個小時，能抵得上一年的收穫，並且不會輕易消失。他們把上師瑜伽視為終生修法，不像有些人練氣功一樣，身體不太好才修一下，或心情比較好時放個錄音跳一跳，對這些老修行人來講，上師瑜伽是時時不離的一個修法。

這樣的上師瑜伽，很多伏藏品或竅訣書裡有不同的儀軌，但全部歸納起來，可以統攝為觀修蓮花生大士。為什麼呢？因為對藏傳佛教而言，不管是阿底峽尊者、宗喀巴大師、薩迦班智達，還是其他教派的大德們，全

大圓滿前行廣釋（三）附大圓滿前行實修法

---

⑭如《心性休息大車疏》云：「佛說剎那念上師，勝過劫修生次第。」《菩提輪遊舞續》云：「佛陀說憶念，怙主上師福，勝過俱胝劫，觀修天尊身。」
⑭如《事師五十頌》云：「已能獲得勝灌頂，如是金剛軌範師，十方所住諸如來，三時現前為作禮。」

是蓮花生大士的化現，這並不是一般人所說，而是有確鑿可靠的教證足以證明。所以，只要憶修蓮師，實際上就是修成了十方諸佛菩薩。

有些上師的教言裡說，對於蓮花生大士，我們不能看成是一個普通人。而現在有些人，只把蓮師視為對藏地貢獻較大的一位瑜伽士，這是非常不對的。蓮師真的跟佛陀無二無別，有些史書中說，他是過去、現在、未來三世諸佛的化現，而且每一尊佛要傳授密法時，都不能以化身形象，而要示現報身形象（如蓮花生大士）。就像釋迦牟尼佛傳授《時輪金剛》時，現出時輪金剛威猛相，向特殊的弟子來傳授密法，這就是顯示報身。

蓮花生大士並非只是藏傳佛教承認，其實顯宗經典中也有明確授記。以前我們講《入行論》時，就引用過《涅槃經》和《諸佛未來授記經》的教證⑭。還有《無垢稱天女經》中也說：「十方三世一切佛，事業歸為一體相，殊勝希有之佛子，生於鄔金西北隅。」這跟七句祈禱文所講的一樣，即指十方三世諸佛的事業幻化為聖尊的形象，此相是非常希有的一位佛子，鄔金國王恩扎布德去大海時遇見了他，當時他降生於鄔金西北隅的蓮蕊之中。這是顯宗經典裡講的，不是密宗續部所言，密宗續部介紹蓮師生平的非常多，但有些顯宗習氣重的人不

上師瑜伽・祈禱蓮師

一定承認。此外，顯宗的《秘密不可思議經》中也說：「賢劫三世佛，奇妙幻化身，希有蓮蕊中，現為持明者。」賢劫諸佛的奇妙幻化身，在希有的蓮蕊中，化現為持明者形象，毫無疑問，這持明者就是蓮花生大士。

這些授記，任何比較公正的智者看了，都不得不生歡喜心和信心。當然，蓮花生大士的功德，並不是依靠幾個教證來說明就可以了，其實看看他的事業，就可以判斷他是不是諸佛菩薩的化現。若沒有當年藏王赤松德贊和阿闍黎菩提薩埵迎請蓮花生大士，那麼在非人如此猖獗的藏地，很難弘揚開來這麼殊勝的教法。正因為蓮師來藏地降伏了十二護地母和二十一優婆塞，讓他們承諾永遠護持藏地的佛法如意寶，並且自己也行持密法，同時建造有殊勝緣起的各大寺院，降伏了種種魔障……大小乘佛法、尤其是密宗法要，才得以在藏土上遍地開花、興盛不衰。到目前為止，藏地全民信教的傳統，跟其他任何地方都不同，甚至國內外很多信徒來到這裡，出離心、菩提心、證悟覺性油然而生，很長時間對上師三寶的信心都不退轉，究其原因，無不歸功於蓮花生大士的殊勝加持。

蓮花生大士在藏地住的時間，《蓮師傳記》裡說，他住的時間很短，但也有史書說他在藏地的時間很長。很多學者對此產生質疑，這是為什麼呢？據有些伏藏大師和智者解釋，蓮師在國王和一些眷屬面前，待的時間

確實不長（這多是傳記中記載的內容），而大部分時間，都是住在藏地的其他地方，所以蓮師踏遍了藏地的山山水水，在每個神山隱藏了許多伏藏品。

而我們若稍懂得伏藏品的意義，對密法的傳承不得不生起信心。有時候看一位伏藏大師的伏藏品，就有三十多本、一百多本，真的令人歎為觀止。他們所造的儀軌續部，都是蓮花生大士所伏藏的，全部是智慧的自然流露，不像文學家一樣要天天苦思冥想。這些殊勝的教言在藏地非常非常多，正因為有這樣的教法，如今吸引了無數人信仰藏傳佛教。有些人不明白，那麼多的人為何信奉藏傳佛教？是不是一種莫名其妙？其實不是。現在人的頭腦很清醒，哪裡有正確的佛法，他們就會追求。部分人可能是盲從，但若說這麼多知識分子和希求解脫者都是盲從，那也不可能。所以，藏傳佛教確實有殊勝的加持，不管是伏藏品、續部、傳承的修法儀軌，還是許許多多竅訣、教言，都有其不共的特點。

儘管在藏地眾生面前，顯現上蓮花生大士住的時間並不長，不像在印度那樣待了兩千多年，但是，由於每個眾生的根基、因緣不同，蓮花生大士示現的住世時間也不同。譬如，佛陀於印度以神變降伏外道六本師，有關歷史記載，在大乘行人面前，時間長達十五天，即神變月（藏曆正月）上弦的初一至十五[143]；而在小乘行人面

上師瑜伽·祈禱蓮師

---

[143] 詳見《賢愚經·降六師品》。

前，只是一天時間。還有佛陀的轉法輪，在共同乘行人面前只有三轉法輪；而不共乘行人面前，佛陀還宣講了《華嚴經》、《妙法蓮華經》，以及密宗的《時輪金剛》、《密集金剛》和內續部法要。包括釋迦牟尼佛涅槃的日子，歷來也有許許多多爭議。因此，在凡夫人面前，完全以自己的分別念，非要找出唯一確切可靠的說法，來對某些現象蓋棺定論，這是不現實的。

我以前也講過，有一次，迦葉尊者當管家負責安居，文殊菩薩跑到波斯匿王的王宮去了，跟王妃們在一起。迦葉尊者發現後特別生氣，準備開除文殊菩薩。他擊打犍槌集中僧眾時，十方世界全部變成佛剎，每一剎土有無數佛陀，每一佛陀跟前有一個文殊菩薩，每一文殊菩薩面前有一個迦葉尊者在擊打犍槌。佛陀問：「這麼多文殊菩薩，你想開除哪一個？」迦葉尊者東南西北一看，到處都是佛陀，到處都是文殊菩薩，到處都是自己，他覺得聖者的行境不可思議，心生慚愧，想放下犍槌，但又放不下來，犍槌聲仍不斷地響。他只好到文殊菩薩面前懺悔，犍槌聲這才停下來，外面的景象也消失了。

所以，像滅盡一切煩惱、獲得無盡神通的迦葉尊者，尚不能了知其他補特伽羅的相續，那麼我們凡夫人想判斷蓮花生大士到底是什麼時代的？他的名字哪個正確、哪個錯誤？他的身相哪個是真的、哪個是假的？以

大圓滿前行廣釋（三）附大圓滿前行實修法

分別念來衡量聖者不可思議的幻化之相，更是可笑之舉。在這種情況下，我們一定要對佛陀及蓮花生大士有不共的信心。

當然，要想這種信心得以穩固並不斷增上，應該多翻閱《敦珠佛教史》等史書，以了解蓮花生大士怎樣以普通人的形象來到藏地，又去往五台山，於各個世界度化眾生的經歷。我也講過，最早的時候，蓮花生大士的廣傳在藏地家喻戶曉，人們把它視為如意寶，每家每戶都有一本，就像漢地的《金剛經》一樣備受推崇。書中介紹了蓮師在印度待了多少年，他在尸陀林是什麼樣的，到山洞裡怎樣行持禁行，後又如何轉法輪、度眾生……這些經歷，完全是在凡夫人面前顯現為普通人的形象來度化眾生，但若一口咬定他就是什麼樣的人，的確也有困難。

不僅是蓮花生大士，包括其他善知識、成就者，像唐東嘉波、帕單巴尊者，其幻化身也不可思議。有些聖者在印度示現圓寂後來到藏地，在藏地圓寂後又去漢地弘法利生……所以，我們對上師或成就者、乃至一個普通人的行為，都不能以自己的分別念妄加揣測，肆意誹謗。

今天給大家簡單講了蓮師的上師瑜伽，它的具體修法，可參考《大圓滿前行·上師瑜伽》中的教言。你們每次修的時候，一定要有虔誠的恭敬心，就像蓮花生大

士真正在面前一樣，誰的恭敬最大、信心最大，得到的加持和感應也最大，這就是一種緣起。反之，如果你心思散亂、胡思亂想，加持也不一定那麼明顯。

在末法時代，祈禱蓮花生大士相當重要。可能許多常住的道友都記得，法王如意寶常引用噶托度達的一個教言：「五濁黑暗越深之時，蓮師加持之月越明。」在當今五濁末世，眾生的根基一年比一年低劣，瑣事越來越多，分別念越來越重，貪嗔癡越來越深厚，但在眾生越來越難以度化的時候，蓮花生大士的加持就如漆黑一片的夜晚，月光愈發明亮一樣，他的加持越來越——你們來接，我喝一口水，誰能找到個好詞，我獎勵一個地瓜，沒有找到就不講。（下面道友一一說「越來越熱」、「越來越增上」、「越來越亮」、「越來越強盛」、「越來越難擋」、「越來越迅速」、「越來越猛烈」、「越來越大」……上師言：『都不是特別合適，大概差不多吧。好，今天是比較自由的一堂課。』）格瑪旺波也說過：「誠心祈禱蓮花生大士，則不被違緣所轉。」這是非常重要的事情。作為末法時代的修行人，邪魔外道的危害極其猖狂，因此，要時時刻刻祈禱寂猛本尊的總集、邪魔外道的降伏者——蓮花生大士，一提及這個名字，非人和妖魔鬼怪會膽戰心驚，這在很多上師的竅訣中都講過。

在整個歷史上，尤其是藏地出現的成就者，大多數都修蓮花生大士。像無垢光尊者、宗喀巴大師、麥彭仁

波切，從他們的著作和傳記中可以看出，他們對蓮花生大士的祈禱是怎麼樣的；包括上師如意寶在光明夢境中雲遊佛剎，或是白天的一些境界中，對蓮師的信心也都不可言說。因此，我經常在想：末法時代，很多人雖想變成一個好修行人，但經常身心不自在，被妖魔鬼怪左右，自己實在無能為力，最後只有隨魔眾而去。所以為了遣除這一切違緣，哪怕身上佩戴蓮花生大士的像，也有不可思議的加持。

前幾年，我給每個道友發過一個蓮師像，（你看，現在很多人都在摸，看掉了沒有？）這有許多殊勝的因緣。我個人而言，從小對蓮花生大士有不共的信心，我不是在這裡說自己修得如何好，但作為一個傳講者，若對所講的法一點感應都沒有，給你們傳的話，可能不太合適。每次給你們講的法，都是我小時候修過的，或是出家以後修過的，自己從中獲得了很大的利益、得到了不可思議的加持，才很想與有緣者分享，共沾法利。

在我基本不識字的時候，依靠聽隔壁喇嘛和識字的人念誦，就會背蓮花生大士很多祈禱文和傳記的讚頌文了。後來慢慢認識幾個字，有個親戚叫雲登桑波，他給了我一本伏藏大師勇士法界金剛的《蓮師略傳》，我非常歡喜，每天邊放牛邊在山上或樹叢裡朗朗地念誦。那時候我很小，還不到十歲，但具體幾歲記不清了，當時條件比較差，手也沒有洗，那書被我翻得黑黑的，好多

地方都磨破了，最後能全部背得下來。我現在去爐霍時，遠遠看到那個山頂，兒時的情景仍會浮現在眼前。對於蓮師，我的確極有信心，雖不敢說有大的成就，但依靠蓮師為主諸佛菩薩的加持，自己在修行中沒有受到什麼大的違緣。

我家附近的很多上師、出家人，包括一些在家人，也特別愛念蓮師心咒。我父親是文盲，一個字都不認識，但他每天堅持念蓮師心咒，到死之前也沒有中斷。記得他每年要念100萬遍，我從小就經常問：「您今年還差多少萬啊？」有時候幫他算算念珠。

所以在藏地，祈禱蓮師並非只是成就者的事，而是家家戶戶都會行持。記得《密宗虹身成就略記》中就講過幾個例子：一、嘉曲喇嘛給我說過，以前石渠那邊有一個人，一生中念了蓮師心咒一億遍，最後成就無餘光身。二、道孚那裡有一個人，年輕時去印度朝聖，途中遇到強盜，爭奪中不小心將強盜打死。他由此生起大悔恨，跑到家鄉旁一山洞閉關修行，唯念蓮師心咒，祈禱蓮師加持，前後共念誦蓮師心咒7億（有說13億），圓寂時示現虹身，身體縮小了三分之二。這樣的成就事例，實在不勝枚舉。

因此，我這次也要求大家祈禱蓮師。原本按照《大圓滿前行》的觀點，智悲光尊者和華智仁波切的傳承弟子，念修蓮師心咒的數量絕對要圓滿1000萬遍。但我們

念1000萬遍有點困難，不過至少也要念滿10萬遍，或者閉關期間看能不能念100萬遍[144]。若以此咒語來護持，就不容易遭到魔眾干擾。

有些人認為，只要學一點理論，再禪修就可以，念咒語這些沒有必要。其實並不是這樣，佛陀在《楞嚴經》裡有這麼一句話：「若不持咒，而坐道場，令其身心，遠諸魔事，無有是處。」《金光明經》中也說：「十地菩薩，尚以咒護持，何況凡夫？」因此，希望大家平時能多念一點咒語。

關於蓮師心咒的功德，伏藏大師噶瑪朗巴有個伏藏品，內容比較少，過段時間我想給大家翻譯出來。其中說，「嗡啊吽」是三世諸佛身口意的總集，「班扎」是

金剛部最殊勝的精華，「革日」是寶生部最殊勝的精華，「巴瑪」是蓮花部最殊勝的精華，「色德」是事業部最殊勝的精華，「吽」是善逝部最殊勝的精華。此咒語可遣除五種障礙，成就五種智慧，見聞憶念的眾生皆

上師瑜伽・祈禱蓮師

可獲得持明果位。甚至把蓮師心咒刻在石頭上、寫在文字上，誰看到也能往生極樂世界。所以，蓮花生大士的傳記中，專門講了蓮師心咒的殊勝功德。

作為漢地的居士、出家人，從小若有念蓮師心咒的傳統，對將來佛法長久住世會有很大利益，同時，個人的修行也能遣除諸多違緣。我在成都看見幾個「兒童讀經班」的小學生，他們把蓮師心咒唱得特別好，如果從小在這樣一種氣氛中長大，的確是有很大的功德。因此，大家一定要多念蓮師心咒。

念蓮師心咒之前，最好能先念七句祈禱文，它的功德我剛翻譯了⑭，故在此不廣說。看了它的功德後，因為這個加持實在太大了，我每天只要有時間就不斷地念：「吽，歐堅意吉努向燦，巴瑪給薩東波拉⋯⋯」許多人認為七句祈請文是蓮師傳下來的，其實並不是，它是十方諸佛同時發出的自然金剛聲。因此，它不僅是蓮師的祈請文，也是十方諸佛聖尊、空行護法的祈請文。若依靠這一金剛語來加持自相續，確實非常殊勝。

現在，《深法寶篋》已經在學院發下來了，而外面電視前和電腦前的道友們，因緣成熟時也可以給大家發。書中對七句祈禱文的功德，從外修、內修、密修、極密修幾個角度進行了闡述，內容相當甚深，很多人不一定看得懂。但外修這一部分，引用了許多伏藏品的教

⑭現收錄於《顯密寶庫29—深法寶篋》之《七句祈禱文釋》。

證，看了之後你會覺得，這個祈禱文表面上只有七句，實際上它的功德跟如意寶沒什麼差別。

書中講了一則公案（跟其他歷史略有不同）：昔日，五百位外道本師到那爛陀寺挑戰，他們皆具辯才與神通，法力非常強大。他們要求以神變和辯論來互相較量，誰輸了就得皈依對方。寺中班智達討論之後的結果是：若是辯論，不怕會輸；但是比神通的話，恐怕會敗給外道，所以非常著急。

就在當晚，所有班智達做了相同的夢（也有說正當此時降臨了一位空行母）：空行母告訴他們：「你們是無法對付外道的，如果祈禱我哥哥就有辦法了。」班智達問：「您哥哥在哪裡？」空行母回答：「他住在自燃火焰山的尸陀林。」班智達說：「那個地方，一般人根本無法去。」空行母說：「沒有關係，你們在經堂頂層陳設廣大供品，伴著妙香、樂器，以最大的恭敬異口同聲如此祈禱……」並教給他們七句祈禱文。

班智達如是祈請之後，蓮花生大士從天而降，來到他們面前，首先通過教理折服了五百名外道本師，接著又與之較量咒力。外道們各顯神通，飛在空中施展強大的法力，此刻，蓮師用契克印一指，他們紛紛摔落在地，不得不認輸並皈入佛門。從此之後，這一祈禱文興盛於印度各處。

而在藏地，自蓮花生大士進藏以來，迄今為止，格

上師瑜伽・祈禱蓮師

魯派、薩迦派等各派寺院中，維那師不管領眾念哪個儀軌、哪部經典，都無不有此金剛七句。

了知它的功德之後，你們在修學過程中，不管修什麼法，剛開始一定要祈請蓮花生大士。蓮花生大士在許多伏藏品裡也說：如同獨子以哭聲哀叫母親的名字，母親會情不自禁地來到他面前一樣，任何人只要以恭敬心念誦七句祈禱文，蓮師必會應聲降臨。如果沒有來，則是違背了誓言。

有些道友認為：「像我這樣煩惱深重的人，只念一遍七句祈禱文，就讓那麼偉大的蓮花生大士來到面前，這是絕不可能的。算了算了，不用念了！」千萬不能這麼想，聖尊跟自己的信心一定要融合。麥彭仁波切在《大幻化網》中講過：「勝義中，一切諸法皆為無二平等離戲大空性，沒有任何的分別；但在名言清淨顯現中，咒語與本尊於所化者前，皆是智慧之幻變，了知彼二無有差別，則應將密咒受持為聖尊。」故蓮師心咒就是蓮花生大士，誰發自信心來祈禱，蓮師當下就會現前。很多傳記中也說，蓮花生大士前往羅剎國時，藏地許多大臣、修行人哭著哀求不要離開，蓮花生大士以了義的語氣說：「誰對我有信心，我蓮師剎那也沒有離開過他。」

這跟祈禱佛是一模一樣的，你信心越強烈，蓮師的加持會越迅猛。所以信心是占主要位置，祈禱的時候，

大圓滿前行廣釋（三）附大圓滿前行實修法

真實無偽的信心若自然引發出來，那麼佛菩薩的加持必定降臨。當然，以散亂的行為來祈禱，其加持也不會虛耗，但力度定然有所差別。

祈禱的方式，我建議大家念《開顯解脫道》裡的上師瑜伽，它的語句雖然簡單，但完整無缺地包含了所有修法，所以特別特別難得。具體而言，在修之前要先皈依、發心，然後開始念上師瑜伽：念誦時自觀為金剛瑜伽母，蓮師佛父佛母在自己上方，通過猛厲的祈禱，令其加持入於自己心間。先念七句祈禱文來祈禱，接著隨力念誦蓮師心咒。念完以後，觀想上師三處發出三種光融入自身，自己獲得了上師身語意的灌頂和加持。最後上師融入一明點，明點融入自己心田，自心跟無二無別的智慧勝義明點融為一體。以前多竹仁波切（單比尼瑪的別名）專門有一個祈禱蓮師的上師瑜伽，裡面講了很多竅訣，有時間我想給大家簡單敍述一下。

在座很多道友，若是出家人，看破紅塵來這裡長期修學，非常不容易；若是在家人，克服了種種艱難險阻，一心一意地學佛，也非常不簡單。包括外面菩提學會的很多人，經常要面臨家庭、單位的問題，甚至在發心過程中也有許多磨難，但大家始終不屈不撓、勇往直前，這種精神非常可嘉。然而，這樣的行為能保持多長時間？自他都不敢說。畢竟末法時代的散亂與誘惑特別強，凡夫人的心力極其薄弱，故一定要以強有力的上

上師瑜伽·祈禱蓮師

師、本尊、護法作為後盾。因而，大家務必要多持誦蓮師心咒、七句祈禱文來修上師瑜伽，若能如此，修行定會善始善終、圓滿究竟。這也是我們一生中最大的收穫。

我個人而言，什麼時候死、什麼時候得不好的名聲，這些方面並不擔憂。唯一關心的是，自己的道心千萬不能退；現有的這點功德，不管是微不足道的菩提心，還是對上師三寶的信心，都能日益增上；以前沒有的境界盡快生起；凡與我結緣的所有眾生，能得到一點一滴利益，這就是我平時所嚮往的、所希求的。我整個身心打開的話，就是想在短暫的人生中，依靠佛法利益一些眾生，就像商人想賺很多錢一樣，我就想大家得一點利益。但這個利益，如果你不懂方法，有時候希望是好的，可追求的目標始終達不到。

末法時代，違緣可謂此起彼伏、層出不窮，所以我們要想方設法超越這一切，真正得到諸佛菩薩、金剛上師的加持。對上等者而言，當下要獲得開悟；對中等者而言，應該對上師三寶有不退信心，對佛教教義有所領悟；對下等者而言，也要不捨上師三寶，以修行人或出家人的身分圓滿度過一生，為來世種下殊勝善根。為了這麼一個目的，我今天沒有層次地胡言亂語，想什麼就說什麼。但在自己心裡，總覺得祈禱蓮花生大士和念蓮師心咒很重要，假如你們在這次閉關100天中，把蓮師

心咒念得很好，確實是難得的一個機緣，所以大家要努力！

　　接下來，等會兒念完《普賢行願品》後，我們共修一下上師瑜伽……

上師瑜伽·祈禱蓮師

蓮花塔

菩提塔

轉法輪塔

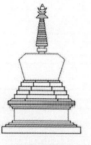

神變塔

八大佛塔

天降塔

和合塔

尊勝塔

涅槃塔